Meditações
com a Lei da
Atração

Sonia Regina Gomes

Meditações com a Lei da Atração

MADRAS®

© 2017, Madras Editora Ltda.

Editor:
Wagner Veneziani Costa

Produção e Capa:
Equipe Técnica Madras

Revisão:
Silvia Massimini Felix
Jaci Albuquerque de Paula
Neuza Rosa

Dados Internacionais de Catalogação na Publicação (CIP)
(Câmara Brasileira do Livro, SP, Brasil)

Gomes, Sonia Regina
  Meditações com a lei da atração / Sonia Regina
Gomes. -- São Paulo : Madras, 2017.
  ISBN: 978-85-370-1078-5
  1. Autoajuda 2. Autoestima 3. Autorrealização
4. Lei da atração 5. Motivação (Psicologia)
6. Pensamento I. Título.
17-06022   CDD-302.13

Índices para catálogo sistemático:
1. Lei da atração : Poder do pensamento : Psicologia
social 302.13

É proibida a reprodução total ou parcial desta obra, de qualquer forma ou por qualquer meio eletrônico, mecânico, inclusive por meio de processos xerográficos, incluindo ainda o uso da internet, sem a permissão expressa da Madras Editora, na pessoa de seu editor (Lei nº 9.610, de 19/2/1998).

Todos os direitos desta edição reservados pela

MADRAS EDITORA LTDA.
Rua Paulo Gonçalves, 88 – Santana
CEP: 02403-020 – São Paulo/SP
Caixa Postal: 12183 – CEP: 02013-970
Tel.: (11) 2281-5555 – Fax: (11) 2959-3090
www.madras.com.br

Agradecimentos

Quero agradecer a todos que se envolveram para que este livro se tornasse realidade. Ao Grupo de Meditação Práticas com Buda, que coordeno e que comprovou os resultados efetivos dessas meditações com a Lei da Atração. Em especial, à colaboração da jornalista Carine Roos, que fez a primeira revisão e ajudou a organizar este livro. E sou grata aos mestres espirituais que me inspiraram para sua realização.

Índice

Prefácio 12
Um Breve Histórico 15
A Lei da Atração 21
Introdução 23

1 – O Significado do Perdão 26
    1.1 – Frases sobre o perdão 26
    1.2 – Em Busca do perdão – Meditação 28

2 – Para Atrair a Prosperidade 30
    2.1 – Pensamentos sobre o benefício da prosperidade 30
    2.2 – Vibrar com prosperidade – A Primeira experiência 32
        2.3. A Segunda Experiência 34

3 – O Amor-próprio e a Autoestima 38
    3.1 – Frases de autoestima e amor-próprio 39
    3.2 – Meditação para equilibrar o amor-próprio
    e a autoestima 40

4 – Para Destituir a Timidez 43
    4.1 – Frases sobre a timidez 44
    4.2 – Meditação para dissolver a timidez 45

5 – A Boa Sorte e a Felicidade 47
    5.1 – Frases sobre a felicidade 48
    5.2 – Meditação reflexiva para a boa sorte e a felicidade 49

6 – A Boa Sorte nas Coisas que Empreendemos 53
   6.1 – Frases sobre sorte nos empreendimentos 54
   6.2 – Meditação para atrair a boa sorte
   nos empreendimentos 55

7 – Vibração para a Paz Mundial 57
   7.1 – Frases sobre a paz 58
   7.2 - Meditação para a paz mundial 59

8 – Os Companheiros Evolutivos 64
   8.1 – Frase sobre os companheiros evolutivos 64
   8.2 – O chamado do companheiro evolutivo –
   Primeira meditação 65

      8.3 – Atração do Companheiro Evolutivo
      e do Amor Fraternal – Segunda meditação 70

9 – Aquisição da Autoconfiança 73
   9.1 – Frases sobre a autoconfiança e a segurança 73

      9.2 – Segurança e confiança em suas ações – Meditação 75

10 – A Sabedoria e sua Manifestação 79
   10.1 – Frases sobre sabedoria 80
   10.2 – A força da sabedoria – Meditação 82

11 – A Prática da Assertividade 85
   11.1 – Frases sobre assertividade 85
   11.2 – Vibrar com assertividade – Meditação 86

12 – Desenvolvimento da Intuição 90
   12.1 – Frases sobre a intuição 91
   12.2 – O despertar da intuição – Meditação 92

13 – Ao Encontro do Discernimento 96
   13.1 – Frases sobre o discernimento 97
   13.2 – Atração do discernimento – Meditação 98

14 – Equilíbrio dos Hemisférios Direito e Esquerdo 102
   14.1 – Frases sobre a capacidade cerebral 103
   14.2 – Equilíbrio dos hemisférios – Meditação 104

15 – Ao Encontro da Paz Interior 107
   15.1 – Frases sobre a paz interior 108
   15.2 – Atração da paz interior – Meditação 108

Índice

16 – Transpor Obstáculos 111
   16.1 – Frases sobre como enfrentar a vida 112
   16.2 – Meditação para remover obstáculos 113

17 – Alcançar o Êxito na Vida 117
   17.1 – Frases sobre êxito na vida 118
   17.2 – Meditação para alcançar o êxito na vida 119

18 – Para Desviar do Fracasso 121
   18.1 – Frases sobre o fracasso 122
   18.2 – Meditação para afastar o fracasso 122

19 – O Equilíbrio Mental 124
   19.1 – Frases sobre o equilíbrio mental nas ações 124
   19.2 – Para atrair o equilíbrio mental – Meditação 125

20 – Fortalecimento da Memória 128
   20.1 – Frases sobre a memória 129
   20.2 – Meditação para fortalecer a memória – Parte I e Parte II 131

21 – A Tarefa Especial de Vida 135
   21.1 – Frases sobre missão de vida 136
   21.2 – Missão de Vida – Integração à Tarefa Pessoal – Meditação 137
      21.3 – A tarefa pessoal II – 1ª e 2ª Meditações 140

22 – Requisitos para Atingir uma Boa Saúde 144
   22.1 – Frases sobre a saúde 145
   22.2 – Meditação para obter boa saúde 146

23 – Para Atrair a Saúde e o Rejuvenescimento das Células 149
   23.1 – Frases sobre a saúde e o rejuvenescimento das células ... 150
   23.2 – Meditação para atrair a saúde e o rejuvenescimento das células 151

24 – A Configuração dos Estados Depressivos 153
   24.1 – Frases sobre a depressão 154
   24.2 – Meditação para a saída de estados depressivos e depressão 155

25 – Energias Cósmicas 158
   25.1 – Frases sobre a energia cósmica 159
   25.2 – Absorção de energia cósmica – Meditação 160

26 – Yin-Yang: A Busca pelo Equilíbrio 163
   26.1 – Frases sobre o equilíbrio dos opostos 164
   26.2 – Meditação para o equilíbrio Yang-yang 165

27 – Proteção contra a Inveja 168
   27.1 – Frases sobre a inveja 169
   27.2 – Meditação para se proteger contra a inveja,
   energizando nosso círculo protetor 170

28 – Para Atrair Boas Amizades e Companhias 172
   28.1 – Frases sobre a boa amizade 173
   28.2 – Meditação para atrair boas amizades
   e companhias 174

29 – Purificação com a Energia Divina 177
   29.1 – Frases sobre energia divina 178
   29.2 – Meditação para se purificar com a energia divina 179

30 – Afastar Vícios e Manias que nos Dominam 181
   30.1 – Frases sobre vícios e manias 183
   30.2 – Meditação para afastar Vícios e Manias 184

31 – Para se Despojar das Tentações do Mundo 186
   31.1 – Frases sobre as tentações do mal 187
   31.2 – Meditação para se despojar das tentações do mal 188

32 – O Despertar da Consciência 190
   32.1 – Frases sobre o despertar da consciência 191
   32.2 – O despertar da consciência
   e sua expansão – Meditação 192

33 – Ao Encontro do Caminho Espiritual 195
   33.1 – Frases sobre o caminho espiritual 196
   33.2 – O fortalecimento do caminho
   espiritual – Meditação 197

**34 – Para Adquirir Pureza no Coração
e Direcionar nosso Caminho** 200
    34.1 – Frases sobre a pureza de coração 201
        34.2 – Meditação para direcionar nossos caminhos
        com pureza no coração 202

35 – O Exercício do Desapego 204
    35.1 – Frases sobre o desapego 205
    35.2 – Meditação para o desapego 206

36 – Formação do Corpo de Luz 208
    36.1 – Frases sobre integração ao corpo de luz 209
        36.2 – Formação do corpo de luz e integração
        ao corpo atual – Meditação 210

Glossário 213

Prefácio

Como se pode observar, desde a mais remota antiguidade o ser humano tem a necessidade, quase imperativa, de encontrar forças na natureza que proporcionem segurança e, consequentemente, poder. Também busca transformar sua vida e alcançar o sucesso, seja no amor, na saúde ou no trabalho, para obter a felicidade tão esperada.

Buda utilizava mantras e mudras para realizar seu chamado. Assim, por meio de evocações e induções, sintonizava-se com seu eu interior, atingindo dimensões mentais e interligando-se ao universo para obter o propósito desejado.

Na vida contemporânea, muitas teorias são analisadas, e se chega à conclusão de que tudo nasce de uma vibração universal ou dimensional, uma força enorme e inesgotável. Ainda que sejamos transformados por essa força, em consonância com a energia molecular de nossos pensamentos, podemos mudar os acontecimentos de nossa própria existência.

Nesse sentido, temos de atrair o que desejamos e preencher-nos dessa qualidade para mudar a ordem dos acontecimentos em busca de uma vida saudável e de progresso.

Conceitos da física quântica são estendidos ao universo da mente por alguns físicos que admitem o "objeto da mente" (pensamentos e imagens) como "objeto quântico", tendo o padrão comportamental de ondas de probabilidades.

A consciência, por sua vez, é vista como um ente universal, fonte criadora da realidade, harmonizadora de seu comportamento. Assim, a consciência, atuando por meio da mente humana, permite ao homem contribuir como cocriador da realidade.

Agora, quando a expansão da autoconsciência do homem (por exemplo, pela meditação) amplia sua sintonia com a Consciência Universal, amplifica sua capacidade de atuar na harmonização da vida e da natureza.

Assim, para meditar com a Lei da Atração, faz-se necessário revestir-nos de um campo áurico reluzente e de uma luz interior, capaz de modular nossos desejos e ambições, para um fim comum recíproco (alma e personalidade atual) e de mesma frequência.

Dessa forma, nossos neurônios trabalharão a nosso favor, e nosso pedido viajará a uma velocidade incrível, atingindo certas áreas do cérebro, as quais fornecerão energia plasmática da Terra.

Este livro propõe-se a mostrar, por meio de diversas meditações, uma maneira viável para atomizar com rapidez os pedidos, de forma consciente e profunda, com o objetivo de atingir as fontes de energia que atuam em nossos sentimentos.

A lei da atração universal funciona com energias de igual polaridade e de mesma frequência de vibração. Nesse sentido, a energia que se gera no momento do pedido fará com que o pensamento e o sentimento almejados encontre a correspondente vibração no Universo.

Cabe ressaltar que a energia dessa consciência não pode ser criada ou destruída, ela apenas se transforma e evolui. Uma possível maneira de transformar o curso dos acontecimentos ocorre quando modificamos a interpretação da realidade em que vivemos. E toda essa engrenagem envolve energia proveniente de nosso campo vibracional, correlacionada aos chacras e ao corpo etérico.

Este livro propõe algo novo: agregar mantras e mudras para incrementar, ainda mais, o chamado, potencializando-o e enriquecendo-o; enquanto a emoção do leitor será despertada pelas diversas cores e frequências. As meditações serão descritas de forma aleatória, por meio de versos, orações ou chamados de teor vibracionais, para assim atingir pedidos de ordem universal ou pessoal; como, por exemplo, realizar um chamado para a paz mundial ou para a paz no lar.

Como vimos, nossos desejos também podem ser mudados e materializados para um fim comum satisfatório, é o caso de um chamado que atraia vibrações boas e de equilíbrio para o planeta.

Ainda quero alertar que a maioria dos chamados deve ser realizada individualmente, em voz alta, com fervor e empenho, para acessar a dimensão desejada e para que as qualidades também comecem a vibrar em cada pessoa, a fim de receber 100% dos eflúvios para que o pedido seja efetivado.

O chamado às forças do Universo é realizado para estabelecer um vínculo supremo de atração. É quando se começa a recriar ideias e sensações, por estarmos envolvidos com o milagre da vida, que nos dá direito de nos aproximarmos da força mutável de tudo o que foi criado. Com a mesma facilidade que extrapolamos os acontecimentos negativos, também moldaremos os positivos, a partir de nossas necessidades mais próximas, perseverando em suas afirmações de forma pausada e clara.

Assim, a proposta dessas meditações com a Lei da Atração é de atomizar os pedidos, de forma consciente e pausada, para atingir as fontes de energia que atuam em nossos sentimentos. Para, então, acessar pela ressonância energias de igual polaridade no Universo.

Após a utilização dos sentidos, nossos projetos permanecerão em harmonia com nossa consciência cósmica e esta será abastecida de energia bioplasmática, a qual se tornará indissolúvel em nossos neurônios e nadis.

As meditações apresentadas trarão consigo o equilíbrio, fortificando o campo áurico e elevando o poder vibracional de determinados chacras envolvidos, e reforçando ainda mais o pedido. As visualizações acrescentarão poder de abstração para viajar até sonhos e ideias mais inverossímeis, despertando o pensamento e colocando as ideias em prática, para seguir aperfeiçoando a virtude desejada. Ao mesmo tempo, proporcionará a abertura para o abastecimento de luz interior, tão necessária para a evolução de nossa alma.

Um Breve Histórico

De acordo com a lei da atração universal, todo ser vivo deste planeta nasce com o dom primordial de realizar chamados às forças ocultas do Cosmos. A lei da atração é o vínculo primordial em que o cérebro interliga-se ao todo criado.

Qualquer pedido está vinculado à força vibracional de nossos sentimentos; sendo assim, ao utilizar uma força vibracional alta, obteremos uma atração muito mais intensa para nossa solicitação. E, para esse intento, é necessário revestir-se de um campo áurico reluzente e de uma luz interior capaz de modular os desejos e ambições, para um fim comum recíproco de mesma frequência.

Faremos um chamado à nossa imaginação e colocaremos para trabalhar os neurônios com uma magnitude fora do comum. Nosso pedido viajará a uma velocidade de mil anos-luz por segundo, e atingiremos certos setores do cérebro, os quais, automaticamente, fornecerão para nós energia plasmática da Terra.

Queiramos ou não, esse revestimento circunstancial, similar ao prana, possui sensores de comando e se integrarão ao nosso campo etérico, fazendo-nos irradiar e intensificando, ainda mais, o chamado. Essa força prânica se instala no primeiro chacra e incentiva o pensamento, para logo, ativar o sexto chacra e permitir a continuidade do percurso, interligando-se aos nadis cerebrais e dimensões, os quais serão subvencionados por nossa razão.

Com esse aprimoramento de circunstâncias, consegue-se fazer um chamado às fontes dimensionais do Universo. Essa força universal viaja em paralelo com as ondas alfa, em forma de espiral, no decurso da meditação. Suas magnitudes são enormes e transpassam toda a matéria, ativando os neurônios. Estes, por sua vez, revisam a informação dos pedidos e se diversificam no espaço-tempo. Segundo Albert Einstein, esse espaço-tempo varia de acordo com o marco referencial do observador, liberando a energia radiante que, por sua vez, mudará de forma sistemática os acontecimentos da história.

O tempo não é absoluto, é mutável. Dessa forma, nossos desejos podem ser mudados e materializados para um fim comum satisfatório.

Desde o início das civilizações, o ser humano tem buscado maneiras de encontrar-se a si mesmo e as leis que dominam a espiritualidade. Para que esse pensamento genuíno chegasse às suas vidas, fizeram muitas práticas meditativas e, por conseguinte, encontraram determinados fluidos vibracionais pela astrologia, os quais mudaram certos acontecimentos da história.

Durante centenas de anos, acreditou-se que o poder de pensar com fé e perseverança na mudança alteraria as situações e, quase sempre, o êxito aconteceu. Foi assim que os homens começaram a implorar aos astros da Via Láctea e a adorá-los como deuses. O pedido limitava-se à transformação de suas vidas e a alcançar o sucesso como meio mais apropriado para viver com bem-estar.

Esse bem-estar seria provido pelo amor, pela saúde e pelo dinheiro e, como consequência, traria a felicidade, uma vez que esta representaria o último degrau para o bem supremo do homem. Aristóteles, por exemplo, observou que todos os homens buscam a felicidade, mas de formas diversas.

Alguns a buscam no dinheiro, outros, nas honras. Uns poucos a encontram no conhecimento ou na consagração de um ideal. Aristóteles também acreditava que, para ser feliz, é necessário uma quantidade moderada de bens exteriores e afetos humanos, sendo esses bens atraídos por uma força desconhecida.

Várias civilizações aperfeiçoaram técnicas meditativas cada vez mais intensas, seguindo um padrão de consciência que os levaria ao êxtase mental absoluto, infligindo torturas sobre seu próprio corpo sem sentir dor. Aqui apareceram os yogues e os ascetas, os quais controlavam seu corpo pela vontade da mente.

Sem saber, eles chegaram a estados mentais que faziam com que as ondas cerebrais se abastecessem de energia eletromagnética produzida pela atividade elétrica de suas próprias células, as quais mudavam de frequência, produzindo um estado alterado de consciência e desenvolvendo a paranormalidade. Nesses períodos surgiram os adivinhos e as sacerdotisas.

Para a ativação dos "degraus" da mente e controlar a vontade a fim de atingir as ondas cerebrais de acordo com o universo dimensional, o ser humano valeu-se de processos convencionais utilizados por povos antigos para a modulação de sua mente.

Os sábios descobriram os quatro estados mentais e os chamaram de beta, alfa, teta e delta. Nesses quatro estados, a predisposição para alcançar as ondas beta acontece na decisão e concentração ao fazer o chamado; a predisposição para atingir as ondas alfa ocorre ao realizar a meditação por meio do relaxamento e da visualização; enquanto as ondas teta propiciam imagens do inconsciente, expandindo-se além dos limites de nosso corpo. Já as ondas delta expandem a consciência, estabelecendo a recuperação e a cura. Todo esse conjunto faria um chamado às forças do universo dimensional.

Os ocultistas e pensadores herméticos guardavam secretamente esses valiosos mistérios, disponíveis apenas para um grupo seleto. Mas esse tipo de fluido universal de atração também foi encontrado na matéria estática, nos metais e nas pedras preciosas e semipreciosas, com os quais construíram amuletos de poder e talismãs que eles mesmos imantavam com energias sobrenaturais e que atingiam os objetivos almejados.

Com o transcorrer dos séculos, eles foram juntando grandes quantidades de conhecimentos e viram que as plantas e os astros exercem juntos certos tipos de mudanças quando invocadas pelas palavras. Aqui surgem os conjuros e as maldições.

Ainda, outras descobertas se mantiveram restritas a grupos supervisionados por ocultistas, os quais começaram a influenciar com fluidos toda uma série de objetos (como roupas e talismãs) e acontecimentos, fazendo um chamado às forças da Terra e do Universo para prolongar os benefícios desejados.

Em outras culturas da humanidade, com a supervisão de magos, faziam o chamado utilizando o nome de divindades e deuses de suas crenças, para obter o poder de irradiar mais sintonia. E, como consequência, ser provido de uma verdadeira fábrica de energia, em que o interesse principal eram as fontes inesgotáveis do Cosmos.

Dessa forma, alguns elementos começaram a ser alinhados com fluidos, caso de cristais, quartzos, poções especiais e toda a matéria que eles acreditavam ter algum tipo de atração para benefício próprio e um poder de cura. Assim como fizesse a proteção do nome daqueles que levassem a sério o que faziam, atraindo a ambição pessoal em busca de lograr o impossível, o amor e o poder econômico. E eles se surpreenderam, sobremaneira, quando os fluidos que eles criaram e clamaram começaram a dar certo.

Alguns outros magos voltaram-se para o trabalho com os quatro hemisférios e criaram muitas seitas pagãs, e algumas pessoas foram influenciadas a realizar rituais obscuros de sangue.

Esses leigos chegaram à conclusão de que havia uma força poderosa no Universo e que tudo acontecia de acordo com seus chamados. Bastava que essa força fosse influenciada com rezas e pedidos que os efeitos surgiriam. Também existiam os curandeiros e os xamãs, os quais se serviam da própria palavra, para ativar o poder curativo das plantas, trazendo hegemonia aos seus fluidos.

Durante centenas de anos, essas crenças estiveram no auge e foram manipuladas por outros, chamados alquimistas, os quais acreditavam que havia a cura por meio da mutação com a natureza e que, por essa simbiose, encontrar-se-ia a pedra filosofal da verdade, atingindo com seu chamado os quatro elementos principais: água, ar, fogo e terra.

Entretanto, a Inglaterra começou a fazer uma limpeza geral e a identificar quem eram aqueles que estavam criando amuletos e poções mágicas, realizando práticas e chamados estranhos e desenvolvendo rituais satânicos. Os descobertos foram mortos por soldados, limpando essa "praga" por toda a Europa. Em decorrência, alguns incrédulos foram disseminados e fugiram para outras regiões, sendo suas escritas destruídas.

Em muitas outras partes do mundo, não tão conhecidas até então, como Ásia, China e uma parte do Oriente, cultivava-se uma filosofia de realização mental, dando prioridade à alma e à perfeição espiritual. Apareceram muitos nomes importantes, como o do mestre Buda, que havia preparado o caminho para uma verdadeira revolução do pensamento, e que prevaleceu através dos séculos.

Buda utilizava mantras e mudras para realizar seu chamado e, assim, por meio de pregarias, profunda meditação e recolhimento, fazia uma sintonia com seu eu interior, atingindo as dimensões mentais e a energia oculta que, segundo ele, estava dentro de nós e, como consequência, traria a felicidade.

Do mesmo modo, o Cristianismo, com a vinda de Jesus, ao ensinar as virtudes do amor universal para com todos os seres, fazia seu chamado de atração para um único Deus, o Criador do Universo. O Cristianismo fundamentou sua Igreja e seus dogmas para uma vida virtuosa com a necessidade de sofrer. Este era o martírio; para se limpar dos pecados pessoais e se chegar a um lugar maravilhoso, chamado Paraíso, primeiramente teríamos de sofrer, para depois viver eternamente felizes.

Porém, pela negligência e poder dos papas, os cristãos se separaram e formaram suas Igrejas. Nesse período, os santos e sacerdotes utilizaram um método de chamado, por meio de rezas e súplicas com o terço, para buscar a salvação dos pecados dos homens, sem saber que estavam atingindo a lei da atração universal.

A idade moderna traz consigo diferentes pensamentos filosóficos e científicos. Eles acreditavam que esses fluidos vinham do Universo e estavam sujeitos a regras e convenções que eles mesmos não explicavam. Como visionários da matéria, alguns cientistas observaram que o espaço era curvo e que os prótons e elétrons formavam um campo tridimensional unificado.

A partir dessas premissas, os livres pensadores gnósticos estudaram a força do cérebro. Segundo suas hipóteses, criavam-se diferentes ondas cerebrais no chamado, e começava a se revelar que tudo no Universo movimentava-se em espiral, atraindo até o pensamento humano, assim como os neurônios.

O mundo fica surpreso ante a modernidade contemporânea e os múltiplos avanços da ciência e de suas conclusões quanto ao aspecto exterior do Universo. Muitas teorias são analisadas de forma metódica e se deduz que tudo nasce de uma vibração universal desconhecida. E que essa força se autogoverna e seu poder é ilimitado ou dimensional, podendo ser uma enorme força inesgotável.

Assim, caso conseguirmos transmutar essa força dimensional, em conjunto com a energia molecular de nossos pensamentos, poderemos, então, mudar os acontecimentos de nossa própria existência.

Atualmente, muitos pensadores espiritualistas acreditam que para trabalhar com essa fonte maravilhosa, de incríveis poderes, pode-se determinar um processo de estrutura molecular de tempo e espaço que atinja o ser humano e a natureza das coisas que o rodeiam.

E para que esse acontecimento resulte eficaz, faz-se necessário atrair mentalmente o que se deseja, para então mudar a ordem dos acontecimentos e proporcionar uma vida saudável e de progresso.

A meu parecer e segundo meu método, o pedido deverá ser realizado de forma pausada e no estilo de pregarias, para capturar a energia vibracional no espaço. Dessa forma, enquanto meditamos, poderão ser vistas as portas dimensionais abrirem-se.

A postura de meditação, de meu ponto de vista, também favorece muito ao chamado e, se a isso agregarmos os mantras e os mudras, pode-se chegar a triplicar a movimentação de nossos pedidos, a fim de que estes se manifestem em pouco tempo.

Buda utilizava um método parecido com seus discípulos e dava prioridade aos mantras e aos mudras e diversificava, por etapas, o chamado dos mantras, para obter um campo vibratório com o quinto chacra. De forma geral, fazia desse processo uma técnica muito original.

Será dessa maneira que as meditações contidas neste livro serão experimentadas, e poderemos sentir como nosso chamado se intensificará, tornando-se mais homogêneo.

A Lei da Atração

– O Poder da Vibração –

É a energia que emanamos e que nos conecta com todo o Universo: Deus, anjos, pessoas, seres e coisas.

O pensamento positivo ou negativo viaja a uma grande velocidade por todo o planeta.

Podemos supor que o Universo conspira para a realização de seu pedido se você estiver conectado com a mesma ressonância, e partir de você o desejo.

A física quântica preconiza que somos energia e que estamos todos conectados. Charles Francis Haanel, autor do Movimento do Novo Pensamento, diz que: "O princípio que dá ao pensamento o poder dinâmico de correlacionar-se com seu objeto e, por conseguinte, dominar cada experiência humana adversa é a lei da atração".

A Wikipédia descreve a lei da atração baseada em um consenso entre os pensadores, informando que "os pensamentos dos seres humanos ditam a realidade de suas vidas, estejam eles sabendo disso ou não".

Assim, parto do princípio de que, se não tivermos a vibração almejada ressonando em nossa vida, não conseguiremos irradiar e fazer o chamado daquilo que desejamos. Como destaca a lei, atraímos o que está em nossa mesma frequência.

Pensando em todos esses fatores é que desenvolvi algumas possibilidades como meios para se alcançar a energia desejada, a partir de meditações, orações e poesias integradas a mudras e mantras conhecidos. Uma mescla de variáveis invocando a frequência a ser trabalhada e abastecendo-se desta para, então, efetivar o chamado e atrair a qualidade esperada.

Não é um tema novo a ser trabalhado, entretanto, a novidade encontra-se no fato de integrar frases, palavras, preceitos, sons universais e posturas de mãos já conhecidos, para potencializar o pedido, e que já foram experimentados pelo grupo de meditação que coordeno com excelentes resultados.

Compreendendo a Lei da Atração

- Tudo o que chega em sua vida você está atraindo.
- Você atrai para sua vida aquilo que pensa, sente e acredita.
- Você atrai de forma consciente ou inconsciente.

A atração inconsciente ocorre quando nossos pensamentos atuam de forma livre, os quais independem de nossa vontade consciente.

A atração consciente ocorre quando dirigimos nossos pensamentos.

- Tudo aquilo que você pensa, seja bom ou ruim, você atrai para sua vida.
- Cada pensamento alegre que você tiver, mais atrairá essa vibração para sua vida.
- Se você pensa em bem-estar, mais atrairá bem-estar.
- Cada pensamento de preocupação atrairá mais preocupação. Se você pensa em dívidas, mais dívidas atrairá.

As emoções direcionarão você.

A chave para controlar seus pensamentos está em observar as emoções que chegam ao seu pensamento.

As emoções podem dividir-se em duas categorias:
- Emoções positivas: aquelas que fazem você sentir-se bem.
- Emoções negativas: aquelas que fazem você sentir-se mal.

Uma vez que você aceita que é o fabricante de sua própria sua existência, verá que tem a energia para mudar essa realidade, seja para qualquer coisa que você deseja.

O poder da gratidão.

Crie o hábito de agradecer. Agradeça todos os dias, por todas as coisas boas que lhe acontecem. Você observará uma mudança de atitude.

Nessa mudança de atitude, a atração encontrará você.

Introdução

Sempre intuí que existiria uma força sobrenatural no Universo que haveria de modificar pensamentos e trajetórias. Ainda, que essa força poderia alterar acontecimentos em nossa forma de pensar e nosso destino.

Graças à lei da atração, poder-se-ia dizer que esse grande véu de mistério está agora desvendado. Este foi guardado em segredo, por centenas de anos, por místicos, somente reservado para alguns. Hoje, reaberto no terceiro milênio, pode-se conhecer sua plenitude.

Diz-se que a felicidade é um processo mental ligado ao sucesso em nossas vidas, e as coisas que realizamos no dia a dia. Tudo é mutável, assim como podem ser mudadas também as energias que se ligam aos planetas e estrelas e todo ser vivo criado no mundo, incluindo plantas e minerais.

É por meio da abstração meditativa e da forma como fazemos nosso pedido que essa força que tudo muda e se encontra errante no Universo pode ser acessada. Com cada clamor de nossos corações atingimos sua estrutura dimensional, e nosso pedido será realizado.

Devemos estar conscientes de que o movimento de nossas mentes é imenso, e que só o fato de querer algum favor, por mais difícil que seja este, nos será atribuído; tanto para o bem como para o mal. Porém existe uma técnica particular para consegui-lo, que através das épocas alguns homens célebres ou sábios guardaram com zeloso interesse. De minha parte, acredito que qualquer pessoa terá força de vontade suficiente e maturidade moral para fazer com que o poder da atração canalize o pedido.

Este livro de meditação abarca uma imensa gama de mensagens, não para um pedido em particular, mas sim para todos os fins que a pessoa procure, sejam ligados a problemas amorosos, realizações do trabalho ou para saúde física e espiritual. Todos eles serão canalizados e atomizados favoravelmente, com mantras e mudras, que darão mais supremacia e potencializarão as meditações, fazendo com que o chamado cumpra-se de forma categórica.

Ademais, o chamado estará escrito em forma de orações, elegantemente recobertas de uma prosa harmoniosa, no formato de pregarias, pois verificou-se que, por meio desse gênero, é possível conseguir milagres maravilhosos.

Essa nova relação equilibrada com o Cosmos será a melhor maneira de interagir com a lei da atração, posto que o benefício sobre nossos propósitos é imenso, além de exercitarmos nossa mente para situações verdadeiramente estressantes no contínuo percurso de nossa vida.

Cabe a cada um sentir, por meio da inspiração e do êxtase, a fluente energia dos escritos desta obra, em que as palavras, assim como os temas, abrirão as portas da atração universal e ativarão neurônios e nadis sob uma influente energia do prana cósmico – energia vital circundante.

Conforme vão sendo realizadas as meditações, o leitor aprenderá a desenvolver-se no estado físico e espiritual e perceberá a grande força adquirida com as meditações. Descobrirá alguns temas não tão comuns em nossa vida, mas que trazem um valor pessoal e espiritual que vale a pena experimentar.

À parte a grata experiência que se adquire com as práticas meditativas, também desejo assinalar o valor incalculável de realizar os mantras e os mudras inseridos, pois além de equilibrar, abrem metas maiores às nossas próprias expectativas.

Os grandes mestres do conhecimento afirmavam que atraímos para nossa vida todos os pensamentos que nossa mente cria. E que, se soubermos ser criativos, tendo um estilo de vida honorável, viveríamos felizes. Contrariamente, se nossos pensamentos forem errôneos, atrairemos o negativo e, por consequência, a infelicidade se apoderaria sobre nós, como que atraída por um ímã.

Se nossos sentimentos contêm ódio e rancor, nós estaremos preenchidos por energias negativas, as quais somente atrairão energias de sua mesma espécie. Assim, por mais que nos esforcemos por atrair o que nossos pensamentos estejam almejando; o pensamento almeja, o sentimento deseja, vamos atrair sempre o negativo. Por essa razão, é conveniente despojar-se de todo o ódio e rancor do coração, para poder pedir satisfatoriamente; do contrário, uma grande nuvem cegaria o caminho de nosso pedido.

Este livro se propõe também a ensinar a arte de pedir: tudo lhe será dado, dependendo da maneira como enfoque o problema e saiba também retribuir, na mesma proporção, o que está sendo concedido. O grande segredo na arte de pedir está constituído, na lei da atração, pela arte de saber perdoar. Fator minimizado por alguns autores que tratam sobre este tema.

Esse apaixonante redescobrir, sobre a atração universal, será como um elixir que fará acalmar nossa mais íntima inquietude. Cada um é livre para eleger o tema que lhe interessar, junto a pessoas que mais estima, uma vez que existem alguns exercícios e meditações que evocam um bem comum, que podem ser realizados em duplas ou grupos. É hora de sanear o mundo e pedir pela paz e pelos povos, e, com toda a certeza, a grande roda vibratória girará com nosso chamado e atingiremos nossas metas, por mais difíceis que pareçam.

1 – O Significado do Perdão

A palavra perdão traz o significado de "abrir mão perenemente".

Quando o perdão é verdadeiramente concedido, traz a libertação da culpa para ambas as partes. Ele não agride nenhum aspecto da realidade nem busca distorcê-lo, para se encaixar em um conceito que se considera mais condizente com nossa interpretação de vida. Ele é incondicional ao contexto e independe de crença, mas sim da verdade exatamente como ela é, e se mostra sem o julgamento.

O perdoar traz a sensação de leveza e um sentimento de alívio claro e propagador, pois remete à paz interior. As sensações físicas de peso desaparecem, desatando grossas correntes que o sujeitavam, e os pensamentos voltam a fluir, para que se encontre o espaço para avaliar nossas próprias imperfeições.

Mahatma Gandhi, em uma de suas citações, dizia:

"Eu creio em mim mesmo... Creio que Deus me emprestará tudo de que necessito para triunfar, contanto que eu me esforce para alcançar com meios lícitos e honestos... Creio que tirarei da vida exatamente o que nela colocar... Serei cauteloso quando tratar os outros, como quero que eles sejam comigo. Não caluniarei aqueles de que não gosto... Prestarei o melhor serviço de que sou capaz... Finalmente, perdoarei os que me ofendem, porque compreendo que às vezes ofendo os outros e necessito de perdão".

1.1 – Frases sobre o perdão

➤ "Nada encoraja tanto o pecador como o perdão." William Shakespeare (1564 a 1616), poeta e dramaturgo inglês.

- "Ser feliz é encontrar força no perdão, esperanças nas batalhas, segurança no palco do medo, amor nos desencontros. É agradecer a Deus a cada minuto pelo milagre da vida." – Fernando Pessoa (1888 a 1935), poeta português.
- "Só quem entende a beleza do perdão pode julgar seus semelhantes." Sócrates (469 a.C. a 399 a.C.), filósofo grego.
- "O que é a modéstia senão uma humildade hipócrita pela qual um homem pede perdão por ter as qualidades e os méritos que os outros não têm?" – Arthur Schopenhauer (1788 a 1860), filósofo alemão.
- "O amor é ajudado pela força. A doçura do perdão traz a esperança e a paz." – Charles Chaplin (1889 a 1977), ator britânico.
- "Podemos facilmente perdoar uma criança que tem medo do escuro; a real tragédia da vida é quando os homens têm medo da luz." Platão (428 a.C. a 347 a.C.), pensador grego.
- "Perdoa-se na medida em que se ama." – François La Rochefoucauld (1613 a 1680), moralista francês.
- "Errar é humano, mas também é humano perdoar. Perdoar é próprio de almas generosas." – Platão.
- "Perdoa agora, hoje e amanhã, incondicionalmente. Recorda que todas as criaturas trazem consigo as imperfeições e fraquezas que lhe são peculiares, tanto quanto, ainda desajustados, trazemos também as nossas." – Chico Xavier (1910 a 2002), pensador e médium brasileiro.
- "A raiva te torna menor, enquanto o perdão te força a crescer além do que você era." – Cherie Carter-Scott (1949-), terapeuta norte-americana.
- "Não existe perdão com ressalvas. O verdadeiro perdão é como o verdadeiro amor pregado por Cristo: é sublime e incondicional." – Augusto Branco (1912 a 1980), ator brasileiro.

1.2 – Em Busca do perdão – Meditação

PROCEDIMENTOS

- Utilizar o incenso que desejar e música para relaxamento.
- Colocar-se em postura de meditação e fazer o *mudra* conhecido como a evocação da amada Mãe Terra: unir pontas dos dedos médios e polegares de ambas as mãos, em busca da expansão da consciência e do quinto chacra (da garganta), e também de trabalhar o exercício da misericórdia e do perdão.

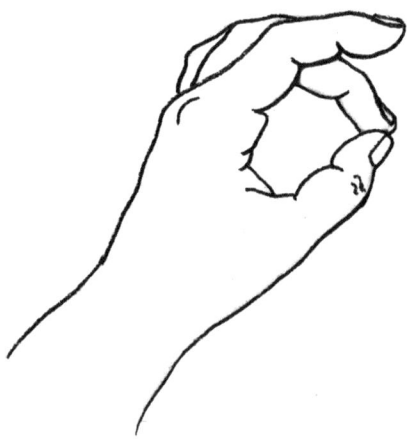

DESENVOLVIMENTO

- Recitar, pausadamente, três vezes o *mantra* **OM MANI PADME HUM** (o caminho das seis perfeições de todos os Budas), entre no som e se conecte consigo e o mundo à sua volta.

O Chamado

Hoje desejo perdoar meu próximo, com todas as forças de minha alma.

Quero que meu pensamento percorra todo o coração oprimido que eu já tenha ofendido.

Quero que essas correntes se quebrem, porque me sufoca o coração e não deixa que eu perdoe a quem me ofendeu.

Desejo perdoar meus pais, por terem me corrigido, por sua dureza em ensinar-me a viver nesta vida. Perdoá-los, porque queriam direcionar minha vida e eu, cego de ira, ofendia-os.

Quero que meus irmãos e meu cônjuge me perdoem por insultá-los, quando no fundo eles queriam ajudar-me.

Quero perdoar meus companheiros de trabalho, o meu chefe, meus subalternos, por pensar que eles eram meus inimigos.

Que bom é perdoar, que feliz me sinto. Minha alma alivia-se de um peso tremendo que causava incertezas, estresse, rancores e mal-estares de saúde.

Hoje quero perdoar toda criatura que descansa debaixo de uma árvore. Eles são meus irmãos e eu os amo. Porque tudo o que Deus criou sobre a face da Terra eu amo.

Quero pedir às forças do Universo que me deem o valor de perdoar, para que o sentimento insano de ódio se afaste de mim, e que me deixe voar como um pássaro.

Quero que o poder da atração escute este chamado, porque já sei que assim está acontecendo.

Ao perdoar, terei o triplo de benefícios, meu carma ficará livre do ódio pulsante. Desterrar esse ódio é o que mais quero.

Quero perdoar a quem me ofendeu e fez algum mal para mim.

Perdoarei a quem me blasfemou e beijarei sua mão.

Cuspiram em meu rosto, mas sentirei compaixão por eles, por suas almas que estão travadas e escuras, e tratarei de ajudá-los, mesmo que eles se afastem ou me firam.

Quero demonstrar a eles que já não sinto rancor nem ódio em meu ser.

Quero demonstrá-los que sou um ser humano digno. E que, se mudei, foi para ajudá-los.

Hoje quero rogar a Deus que me dê fortaleza para perdoar.

Porque hoje sou diferente, hoje amo o mundo e o mundo me amará.

Hoje verei o sol sair e irradiar entre justos e injustos.

Cada dia representará um ano de misericórdia.

Hoje quero moderar minha língua, não quero ofender, buscarei que me amem.

Hoje chorarei porque me arrependo de haver odiado.

Hoje mesmo encontrarei quem me fez danos e os abraçarei e direi que os amo, e se eles seguirem me odiando, eu chorarei.

Hoje experimentarei o que Jesus viveu em seu coração, porque ele perdoou até que a última gota de seu sangue acabasse.

Depois que esses pensamentos de ódio saírem de mim, caminharei livremente, com alegria e gozo.

Hoje se cumpriram meus desejos e meus planos, porque já não tenho o sentimento de ódio.

2 – Para Atrair a Prosperidade

A prosperidade é um estado de consciência e, como tal, necessita de nós para alimentá-la com pensamentos positivos, para poder manifestar-se.

Algumas pessoas pensam, sentem e se expressam de uma maneira muito limitada. Isso nos conecta a uma consciência de carência, a qual é antinatural.

As pessoas prósperas estão conscientes de que podem atrair a abundância ao seu redor e, sabendo desse segredo, são gratas por essa conjuntura.

O êxito e a prosperidade não chegam repentinamente, chegam por planejamento. E, para atingi-lo, é necessária uma atitude correta, decidida e, sobretudo, rodear-se de um clima positivo.

A verdadeira prosperidade não é criada de um dia para o outro. É um processo contínuo de busca da plenitude, que se prolonga por toda a vida.

Se você tem o suficiente para viver e comer, saúde e tempo para compartilhar com sua família e amizades, pode ler um livro tranquilamente ou passear pelo parque com toda a liberdade, e ainda assim não ser rico, pode dizer tranquilamente que você é próspero.

2.1 – Pensamentos sobre o benefício da prosperidade

➤ "O que queira progredir nos negócios, faça-o por si mesmo; e se quiser que tudo lhe saia mal, confiá-los em mãos de outras pessoas." – Benjamin Franklin (1706 a 1790), estadista e cientista norte-americano.

- "Na prosperidade, modera-te; na adversidade, resigna-te e sê sempre prudente." – Periandro (660 a.C. a 583 a.C.), sábio grego.
- "Quando chega a prosperidade, não a uses toda." Confúcio (551 a.C. a 478 a.C.), filósofo chinês.
- "O progresso consiste na mudança." – Miguel de Unamuno (1864 a 1936), filósofo espanhol.
- "A prosperidade faz nascerem amigos, e a adversidade os prova." Antístenes (440 a.C. a 365 a.C.), filósofo grego.
- "A prosperidade é um grande mestre, a adversidade é muito maior. A possessão embota a mente, a adversidade a fortalece." – William Hazlitt (1778 a 1830), escritor inglês.
- "O desditoso não crê na prosperidade quando vem." – Sêneca (4 a.C. a 65 d.C.), pensador romano.
- "A chave para a prosperidade econômica é a criação organizada da insatisfação." – Charles Kettering (1876 a 1958), inventor norte-americano.
- "A prosperidade que mais dura é a que vem devagar." – Sêneca
- "Diz-se que a prosperidade material traz a cultura e a dignificação do povo, mas o que realmente sucede é que a prosperidade faz visíveis as boas e más qualidades de um povo, que antes permaneciam ocultas." – Ángel Ganivet (1865 a 1898), escritor espanhol.
- "Assim como as nuvens são a fonte principal da chuva, assim o controle de teus próprios pensamentos é a fonte da prosperidade duradoura. Tu és teu próprio amigo ou teu próprio inimigo. Se não te salvas a ti mesmo, com pensamentos amáveis, não há outro remédio." – Swami Sivananda (1887 a 1963), líder espiritual hindu.

2.2 – Vibrar com prosperidade – A primeira experiência

PROCEDIMENTOS

- Colocar um incenso e música de sua preferência.
- Sentar-se em postura de meditação e fazer o *mudra* conhecido como *Kubera*: unir as pontas dos dedos médios e indicadores, de ambas as mãos, aos seus respectivos dedos polegares. Concentra toda a energia do corpo, a mente e o espírito em algum desejo concreto, seja de qualquer espécie, ajudando a consegui-lo.

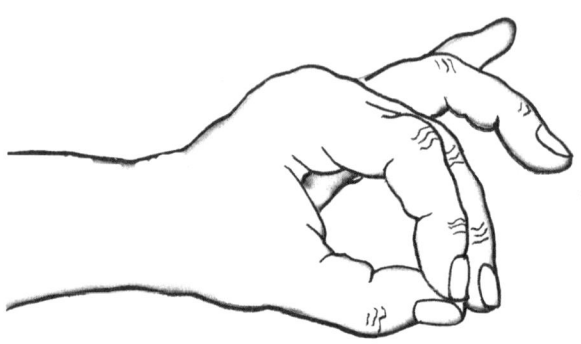

DESENVOLVIMENTO:

- Recitar o *mantra* **OM GUM GANAPATAYEI NAMAHA** (lê-se namarrá) três vezes, para a remoção dos obstáculos à prosperidade.

O Chamado

- No transcorrer da meditação, imaginar sempre suas aspirações e reforçá-las recitando o mantra.

  Amanheci com o desejo de poder desfrutar cada minuto de meu tempo com boas pessoas.

  Que grande tesouro é encontrarmos com pessoas que desejam o melhor para nós.

  Que abundância mais pura é o dom de fazer feliz uma criança necessitada. Não há tesouro que possa valorar esse gesto.

Seguirei trabalhando arduamente, com honradez, porque sei que o trabalho me dignifica cada dia mais. E me sentirei próspero ajudando minha pátria.

Sentir-me-ei útil adquirindo sabedoria. Assim seja (repetir).

- Fazer a Súplica:

Senhor Supremo, força do Universo que gira e resplandece, quero abrir, das profundezas de minha alma, esse chamado que queima como uma brasa todo meu ser. Desejo que a força da atração universal outorgue-me a prosperidade de que preciso. Em meu trabalho, quero que as oportunidades se tripliquem, quero agir com plenitude em meus problemas laborais.

Que todas as minhas ações deem certo, quero que meus companheiros de trabalho se contagiem deste mesmo entusiasmo que hoje possuo. Quero que as pessoas que trabalham para mim, em minha empresa, em minha casa, com minha família, com meus irmãos e filhos, façam-no de uma forma correta, que não pensem em medos e que seus obstáculos se desvaneçam. Quero que hoje essa força misteriosa e latente se espalhe por aquelas pessoas que estejam ao meu serviço, dotando-as na busca da perfeição no trabalho.

Quero que essa força imensa chamada Prosperidade ajude nos projetos de meu cônjuge e nos de meus filhos. Quero que essa força vibracional dê-lhes a verdadeira consciência da mudança. Quero que percebam, como eu estou percebendo, a luz de equilíbrio para melhorar seus espíritos e ambições. Sim, desejo que sejam ambiciosos e tenazes para eles mesmos conseguirem seus planos. Que não o façam por pura banalidade, que o façam com um sentimento claro e preciso de ser próspero.

Sou humilde e sei que para receber é preciso dar. E também é preciso perdoar aqueles a quem ofendi não lhes dando alguma oportunidade, nem empréstimo que alguma vez me pediram. Quero desterrar minha avareza para sempre.

Quero que agora se abra para mim a porta das oportunidades financeiras. Quero que ingressem como o mar entra nas rochas da praia. Quero que minha família beneficie-se desse acontecimento. Sei que a porta está se abrindo, e também sei que não fechará, porque o poder mental de meu pedido é tão forte que dissolverá qualquer obstáculo que se anteponha.

Quero que meus superiores abracem minhas ideias e meus triunfos. Quero causar boa impressão a todas as pessoas que conheço, porque hoje plantei uma semente e essa semente dará tanto fruto como uma árvore.

Sei que para receber os favores da lei da atração é necessário dar movimentação aos meus projetos. Pois bem, hoje renovarei meus aprendizados, hoje lutarei para estudar, hoje me projetarei para escrever meus planos futuros em curto tempo.

Tenho que regar a semente com a ação, não abandonarei o meu triunfo. Persistirei, persistirei até ser coroado com o êxito.

Serei um tigre em busca do alimento, sentirei o cheiro da abundância a longas distâncias e irei velozmente. Passarei os obstáculos, nada impedirá que a prosperidade esteja a meu favor.

Hoje quero que minhas ações se superem cem vezes mais. Não desejo retroceder nunca mais. Trouxe para mim esse chamado e vejo que sua luz se internaliza em mim, não deixarei o chamado partir, já que darei proveito a ele.

Vejo como meus desejos começam a girar como elipses luminosas. Vejo como a luz da atração abre suas engrenagens dimensionais para meu chamado de prosperidade. E ali estou eu, como partícula diminuta, recorrendo o Universo.

2.3 – Vibrar com prosperidade a segunda experiência

PROCEDIMENTOS

- Utilizar um incenso de sua preferência e uma música para relaxamento.
- Sentar-se em posição de meditação e fazer o *mudra* conhecido como *Kubera*: unir as pontas dos dedos médios e indicadores, de ambas as mãos, aos seus respectivos dedos polegares. Concentrar toda a energia do corpo, a mente e o espírito em algum desejo concreto, seja de qualquer espécie, isso ajudará a consegui-lo.

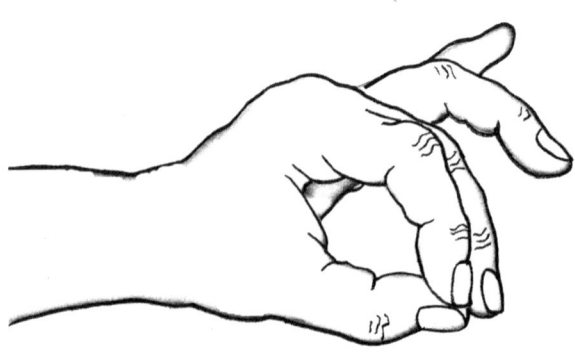

DESENVOLVIMENTO

Primeira etapa

- Recitar o *mantra:* **OM GUM GANAPATAYEI NAMAHA**, para a remoção dos obstáculos à prosperidade, por três vezes.

Fazer o pedido:

Quero muitas possibilidades de êxito em minha vida.

Não quero perder as oportunidades que a vida me apresenta.

Devo reprimir minha forma de gastar em excesso.

Só o farei sem estar motivado pela ânsia e a mania de gastar.

Quero que a prosperidade banhe meus sonhos e me cubra de segurança.

Quero que com meu trabalho muitas pessoas se sintam bem. Quero que sintam harmonia.

Obs.: Para seu proveito, é importante esclarecer que o desejo de agradar aumenta a vibração do pedido. A Lei da Atração se estimula com a comparação. Se você se utilizar da comparação na realização dos pedidos, estes resultarão sem carga cármica, deixando-o mais leve para sintonizar.

Hoje poderei agradar aos meus devedores, sei que terei muita prosperidade em meu trabalho.

Quero imitar os edifícios altos, as grandes montanhas, para ver desde o alto minha grandeza.

Quero superar-me, serei como a espuma que levanta e não desce.

Hoje serei um sábio.

Quero ser disciplinado e gentil.

Um investidor nato, porque sei que, em alguns dias, a vibração da prosperidade chegará acompanhada do êxito.

DESENVOLVIMENTO

Segunda etapa

Fazer o chamado:

Ninguém poderá superar-me mentalmente.

Hoje a vibração da prosperidade estará ao meu lado.

Sobressairei por meu talento, por minha grande memória.

Hoje educarei minha vida para a perfeição.

Sentirei que o perfeito se acopla em mim.

E, apesar de minha prosperidade, pensarei nos pobres e necessitados, porque eles receberão minha ajuda.

Quero que meus negócios floresçam de novo.

Quero a abundância e a riqueza.

Quero que minha alma se aperfeiçoe.

Desejo a prosperidade de minha alma também, já que sem ela me perderia entre as trevas da indiferença, da cobiça e da avareza.

Para que a prosperidade venha depressa e com sucesso, primeiro limparei meu coração de todo sentimento impuro.

Meditação:
- Imaginar a luz branca envolvendo-o com sua pureza; deixe-a repousar em sua alma. Em instantes, você ficará limpo de todo o rancor e mágoas causadas pelo dinheiro.

Obs.: Se você estiver saciado de prosperidade, deve lembrar-se de quando era pobre e necessitado (essa manifestação da razão, ao discernir quando não se tinha dinheiro, é boa, pois abre compartimentos vibracionais para melhorar o entusiasmo, evitando que se caia em desordem financceira de gastos e indisciplinas).

– É bom dar para depois receber o triplo.

– Quando você começa a enviar comandos à Lei da Atração, essa vibração se adere aos seus neurônios e *nadis*, criando uma força transmissora para a concretização de seus planos e, no instante, buscará formas de prosperidade para você.

– Deve-se levar em consideração que a efetivação de qualquer chamado implica uma concomitante contrapartida de sua ação.

DESENVOLVIMENTO

Terceira etapa

Meditação:
- Imaginar um barco em alto-mar. Crie sua própria imagem desse barco navegando. Você pode vê-lo de noite, de tarde ou pela manhã. A água pode estar com pouca correnteza, turva ou transparente e limpa, com fortes ondas e o céu azul.

    Pense que está visualizando um barco maciço, novo, de cores vivas, com um mar tranquilo e azul de dia. Seu mastro imponente, a vela alçada e guiada pelo sopro do vento, então a Lei da Atração o estará representando. O barco é você mesmo, o mastro e a água são as oportunidades que surgem. Quanto melhor puder visualizar o barco, com bom tempo, ventos propícios para a navegação e o horizonte aberto, maior é a prosperidade por vir.

Porém, se a visualização do céu for escura e o barco parecer afundar nas águas, com tempestades e relâmpagos, não é bom imaginá-lo dessa forma, pois pode atrair misérias e desenganos.

Mantenha-se com a mente limpa e, sempre que possível, imagine o melhor em todos os pensamentos. As ideias e os pensamentos gerados estão na mesma proporção do poder de ressonância que você quer atrair.

Repetir em voz alta este pedido:

Quero que a prosperidade imirja dentro de mim.

Eu sou o foco principal que guia meu destino.

Quero que as vibrações atraiam prosperidade.

Meus pensamentos são a coluna onde descansa o segredo da atração.

Breve me verei envolvido no manto da fortuna.

Meu chamado está sendo escutado, terei paciência.

Ele chegará como as tranquilas águas que banham a costa, trazendo-me bem-estar.

E assim, conseguirei meu propósito.

- Agora, recitar o *mantra* **OM GUM GANAPATAYEI NAMAHA** enquanto vislumbra o raio prata (vibração de luz que se adere ao mantra). Ele levará o pedido, transformando suas palavras em fatos concretos, e iluminará o caminho da vitória.

3 – O Amor-próprio e a Autoestima

O amor-próprio e a autoestima são elementos básicos para que qualquer pessoa tenha uma vida satisfatória, em que o alicerce se constituiu na família. A segurança, o valor e o respeito por si mesmo são suas bases de definição.

Nesse sentido, torna-se imprescindível que cada um domine sua condição de autoconhecimento, pois é dessa forma que saberemos quais são nossas qualidades e nossas fraquezas. E se você estiver disposto a se aceitar, poderá trabalhar para eliminar ou mudar tudo o que te limita.

O amor-próprio e a autoestima não são padrões que se herdam, são aspectos que se formam através de nossa existência. São sedimentados na família, por meio do amor dos pais; pela aceitação e cuidado que os pais têm com os filhos e por sua demonstração de afeto a eles.

Todo ser humano é digno de respeito dos demais e de si mesmo, por isso deve saber estimar-se e saber que o estimam. O desenvolvimento da autoestima aumenta a capacidade de tratar os demais com respeito, favorecendo as relações interpessoais e evitando as que são destrutivas.

Ter uma autoestima alta equivale a sentir-se confiante, apto para a vida. Isto é, sentir-se capaz e valioso ou sentir-se aceito como pessoa. Permite enfrentar a vida com maior confiança, benevolência e otimismo, a fim de alcançar muito mais facilmente seus objetivos e realizar-se, amplificando a capacidade natural de ser feliz.

3.1 – Frases de autoestima e amor-próprio

➤ "O amor aos demais e o amor a nós mesmos não são alternativas opostas. Pelo contrário, uma atitude de amor para si mesmo encontra-se em todos aqueles que são capazes de amar aos demais." – Erich Fromm (1900 a 1980), psicanalista alemão.

➤ "O estado de uma pessoa que não está em guerra nem consigo mesma nem com os demais é uma das características mais significativas de uma autoestima sã." – Nathaniel Branden (1930-), psicoterapeuta norte-americana.

➤ "Nunca baixe a cabeça, mantenha-a alta, olhe direto nos olhos." – Helen Keller (1880 a 1968), escritora e ativista social norte-americana.

➤ "De todas as armadilhas na vida, a falta de autoestima é a pior e a mais difícil de superar. Já que está desenhada com tuas próprias mãos e se centra na frase não 'vale a pena, não posso fazer'." – Maxwell Maltz (1899 a 1975), cirurgião norte-americano.

➤ "Todos sabem que a autoestima vem do que tu pensas de ti mesmo, não do que os demais pensam de ti." Gloria Gaynor (1949-), cantora norte-americana.

➤ "Amar-se a si mesmo é reconhecer e elogiar-se verbalmente. É aprovar totalmente as próprias ações. Estar seguro das próprias habilidades. Amar o próprio corpo e admirar a própria beleza." – Sondra Ray (1941-), escritora norte-americana.

➤ "Nunca te convertas em uma vítima. Não aceites a definição de tua vida pelo que dizem os demais. Defina-te a ti mesmo." – Harvey Fienstein (1952-), dramaturgo norte-americano.

3.2 – Meditação para equilibrar o amor-próprio e a autoestima

PROCEDIMENTOS

- Utilizar incenso de sua preferência e música relaxante.
- Fazer o *mudra* conhecido como *Matungi:* dedos encaixados de uma mão na outra, dedos polegares formando um X, e somente os dedos médios, de ambas as mãos, levantados e juntos. Energiza a área do plexo solar, proporcionando a sensação de autoestima.

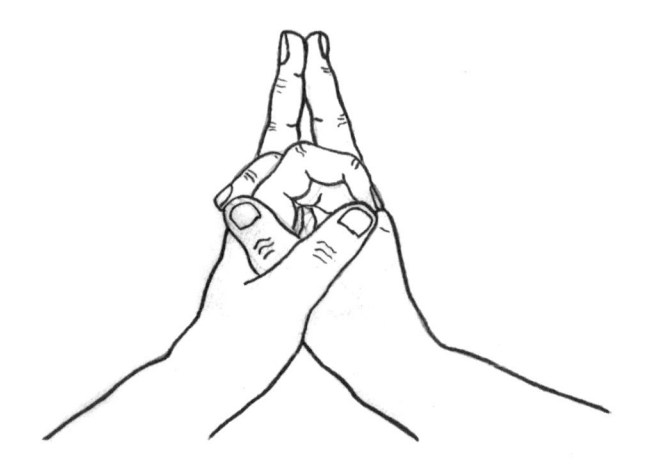

DESENVOLVIMENTO

- Recitar, pausadamente, três vezes o *mantra* **OM EIM HRIM KLIM CHAMUNDAYEI VICHEI NAMAHA** (lê-se om aim rrim klim chamundayei vitchei namaha – lê-se namarrá), para adquirir confiança e força interior ao sentir seu próprio poder e sua capacidade.
- Repita esta oração a seguir:

  Força imaculada da atração universal adentra-me à dimensão, em busca de meu amor-próprio e autoestima.

  Quero renascer e doar meu intelecto a serviço do Cosmos.

  Quero ser útil ao meu próximo, atrair as bênçãos e libertar-me de opressões psicológicas que atrasam minhas metas.

  Sei que posso ser feliz, porque condições não me faltam.

  Sou uma criatura única em minha espécie e círculo buscando a perfeição.

Ninguém é mais feliz que eu. A melancolia e a tristeza não poderão me oprimir, nunca.

Em cada luta depositarei meu valor único, porque sou único e mais sobressalente que os demais.

- Agora, visualizar o raio de cor prata (para dar afirmação, concretização aos nossos pensamentos).

Não me prostrarei ante ninguém, não baixarei a cabeça para aqueles que me ferem, que não valorizam minha inteligência nem minha beleza interior.

Essas pessoas são ruins e maledicentes, e invejam minha paciência e minhas virtudes.

Quero que se abra a grande força que atrai, pois quero depositar meu desejo de realizar-me e vencer, com minha palavra, todos aqueles que me depreciem ou não me valorizem.

Peço à grande força vibracional que atraia a força para encarar o mal.

Hoje não serei a tímida ovelha, serei sim, a grande fera que luta com o inimigo até vencê-lo.

De agora em diante atrairei o valor.

Mais, caminharei com justiça e perdoarei os que me ofendem.

Sei que posso conseguir tudo o que me proponho, porque meu talento é ilimitado.

Sei que não há pessoa no Universo igual a mim. Eu sou uma criatura única. Tudo o que eu faço é original, ninguém pode fazê-lo igual a mim.

Quero aprender a querer-me, nunca mais me farei danos.

Hoje quero resplandecer com luz própria.

Hoje quero falar o que sinto.

Ninguém tem de me obrigar a fazer nada sem meu consentimento.

Quero demonstrar aos demais que tenho coragem.

Quero demonstrar-lhes que minhas metas, por mais humildes que sejam, são minhas próprias, que eu não copio, porque sou original.

Tenho a melhor família do mundo, não me envergonho dela.

Muitos querem ter a família que eu tenho, eles ambicionam meus projetos, porque sou original, porque me valorizo e essa valorização fará de mim indestrutível.

Amo meu trabalho e não permitirei ser humilhado por ninguém.
Ninguém me escravizará, já que sou livre como as aves.
Ninguém fará meu trabalho melhor do que eu.
Criarei novos projetos, os quais ninguém fez antes.
Hoje aumentarei meu potencial, em mais de 100%.
Sou belo, original, gracioso e inteligente.
Com o poder de meu pensamento positivo posso vencer.
Hoje sentirei que a beleza se enraíza em meu corpo, em meu espírito, em minha alma.
A verdadeira beleza está dentro de nosso coração.
Se nosso coração reflete luz, todas as nossas palavras e pensamentos refletirão luz.
Sou querida e admirada, porque meu pensamento se regenera de força, de uma roda vibratória que tudo abarca.
Hoje desejo vencer todos os meus obstáculos e minhas limitações.
Quero poder abarcar muito conhecimento, porque sei que meu cérebro está abastecido de elementos de pureza e qualidade.
Meu raciocínio será puro e qualitativo.
Minha lógica estará sempre unida a uma ideia fundamental de conhecimento e altruísmo.
Quero que a força dimensional da atração aumente meu caudal de conhecimentos e me faça um ser pensante.
Não quero deixar levar-me pelos impulsos.
Quero ser tolerante.
Perdoo os que me criticam e têm inveja de mim.
Por isso, quero ser 100% eficaz.
Quero que a força guie meus neurônios, porque sou um ser extraordinário.
Quero ser autêntico.
Quero ser original.
Demonstrarei a todos minha valia, ninguém poderá frear-me.
Pois sou um ser glorioso e perfeito, único em minha criação.

4 – Para Destituir a Timidez

Se a insegurança é uma consequência da timidez, então vamos vencê-la, para reencontrar a autoestima. O mais importante é não se importar com a opinião dos outros, tampouco, sentir-se humilhado com uma crítica.

Uma pessoa deve ser dirigida por suas próprias emoções e sobre o que pensa de si, e não pelo que opinam os demais. É certo que há momentos em que o parecer das pessoas é importante, mas não se pode depender sempre delas.

Seja um indivíduo seguro de si, estude-se detidamente para que adquira confiança no que está propondo aos outros.

O mais importante é parar de queixar-se o tempo todo. Olhe-se no espelho e exercite suas críticas, dizendo "essa roupa não me cai bem", "vou fazer ridículo" ou "essa cor de cabelo não combina com meu tom de pele, não irei utilizá-la". E deixe de estar sempre se queixando.

Aqueles que não são tímidos vivem de forma muito prática e simples, porque perderam o complexo de se sentirem inseguros. Falam com liberdade de opinião, mobilizam-se e se expressam demonstrando segurança, sem se importar com a opinião alheia.

A pessoa tímida se considera como não destinada ao êxito por sua imaginação, ao pensar que não é possível alcançar o êxito pessoal e que será rechaçada. Mas ela não sabe que todos os que se arriscam quase sempre triunfam, e se fracassam, dão risadas sem levar a sério.

Todos podem alcançar o êxito pessoal caso se proponham a fazê-lo. A desenvoltura da palavra e a tranquilidade da expressão são as melhores formas para se ter êxito. Deixando a timidez, conseguirá coisas que nem mesmo o ouro poderá comprar.

4.1 – Frases sobre a timidez

- "Aos tímidos e aos indecisos tudo resulta impossível, porque assim lhes parece." – Walter Scott (1771 a 1832), escritor escocês.
- "Uma grande quantidade de talento é desperdiçada pela falta de um pouco de coragem. Cada dia envia para seus túmulos homens obscuros, cuja timidez os impediu de fazer uma primeira tentativa." – Sidney Smith (1771 a 1845), escritor inglês do clero.
- "Quem pede com timidez dá ensejo à negativa." – Sêneca (4 a.C. a 65 d.C.), filósofo e pensador italiano.
- "Jesus, Buda, Gandhi não foram pessoas tímidas, eles expunham suas ideias e sentimentos com clareza. E não pensavam em cair no ridículo, porque acreditavam em si mesmos. E tiveram de vencer a timidez para conquistar o mundo com seus ideais." – Sonia Regina Gomes (1957-), psicóloga e escritora brasileira de livros de autoajuda.
- "A timidez é uma coisa alheia ao coração, uma categoria, uma dimensão que desemboca na solidão." – Pablo Neruda (1904 a 1973), poeta chileno.
- "Os homens tímidos preferem a calmaria do despotismo ao mar tempestuoso da liberdade." – Thomas Jefferson (1743 a 1826), estadista norte-americano.
- "A timidez, inesgotável origem de tantas infelicidades, na vida prática é a causa direta, mesmo única, de toda a riqueza interior." – Emil Michel Cioran (1911 a 1995), filósofo romeno.
- "Ponha de lado a timidez e os melindres ao agir. A vida inteira é uma experiência." – Ralph Waldo Emerson (1803 a 1882), escritor e filósofo norte-americano.

4.2 – Meditação para dissolver a timidez

PROCEDIMENTOS

Utilizar incenso de sua preferência e música para meditar.

Fazer o *mudra* conhecido como *Prithivi*: unir dedos anulares e polegares de ambas as mãos. Aumenta a energia e traz uma sensação interna de autoconfiança.

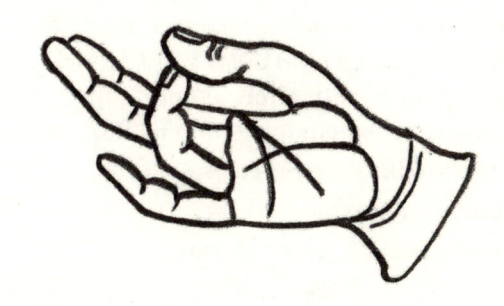

DESENVOLVIMENTO

- Recitar, pausadamente, por três vezes o *mantra* **OM EIM HRIM KLIM CHAMUNDAYEI VICHEI NAMAHA** (lê-se om aim rrim klim chamundayei vitchei namarrá), *mantra* para superar o medo e a insegurança.

O Chamado

Quero me atrever a mudar, não quero ser cauteloso.

Quero arriscar-me sem equívocos.

Neste momento de recolhimento, desejo romper com essa imagem tímida que carrego e que me delimita ante os demais.

Quero que essa grande força me dê o dom de ser corajoso e valente diante do que me suceder.

Que essa debilidade de minha personalidade seja destruída.

Que os complexos e inseguranças enfraqueçam diante da confiança e da moral, para que a timidez se dissipe.

Tenho de preparar-me e ver com realismo meus defeitos e aprimorá-los ao máximo.

Se minha palavra titubeia pela insegurança, devo preencher-me de confiança em mim mesmo.

A partir de hoje serei diferente, cuidarei de minha pessoa. Vestirei trajes novos e me encherei de confiança.

Projetarei um plano de estudos que se adapte para mim, e minhas qualidades mais inatas se desenvolverão ao máximo.

Necessito da força dimensional do Universo e farei deste chamado uma súplica solene, para despojar-me da timidez.

Sei que a lei da atração está vibrando dentro de mim.

Sei que estou sendo escutado.

- Atomizo agora este chamado com a repetição do mantra **OM EIM HRIM KLIM CHAMUNDAYEI VICHEI NAMAHA** por três vezes e em conjunto com o *mudra*, que como um bálsamo retirará essa má imagem que tenho de mim mesmo.

Quero que essa luz mude meu espírito.

Aprenderei a querer-me.

Sei que sou especial e único no mundo.

Sou abençoado por haver nascido.

Vou lograr coisas incríveis de hoje para amanhã, para um futuro próximo.

Porque aprendi que aquele que tem confiança tem a chave de tudo o que deseja.

5 – A Boa Sorte e a Felicidade

A boa sorte chega com um estado mental positivo e com a determinação para realizar as etapas necessárias para atingir a meta. Várias oportunidades poderão surgir e deverão ser aproveitadas nesse processo. Nesse sentido, chegar à boa sorte requer preparação intelectual, criação mental do objetivo e tomar a decisão para sair em busca do almejado.

Dizem que a boa sorte é um poder individual criado por você mesmo. Primeiro nasce em seu pensamento e logo projeta-se em suas ações. Para a boa sorte chegar, é conveniente criar novas circunstâncias.

Preparar as situações para a boa sorte não significa buscar somente o benefício próprio, é necessário criá-las para que outros ganhem também. Isso também atrai a boa sorte, que não é mais do que compartir.

Criar condições requer dar um primeiro passo, e este tem de ser dado hoje. Há que perseverar.

Os que têm boa sorte são indivíduos que desenvolveram grande quantidade de criações, e foi a quantidade que lhes trouxe a qualidade. E mesmo quando se criam todas as circunstâncias, ainda assim há de se ter muita paciência e nunca abandonar.

Quanto à felicidade, bem, é também uma circunstância a ser criada. A felicidade é viver cercado de amor, é semear amizades, é o calor e o abraço daquele amigo. Ser feliz é ter um cálido lar. É a simplicidade de uma mesa servida, acolhendo.

Ser feliz é desfrutar do sol radiante, do frio congelante, da chuva e do temporal. Ser feliz é brindar afeto aos demais e a todos com quem cruzamos no dia a dia.

Ser feliz é fazer da vida uma grande aventura e desfrutar do prazer. Mas, antes de tudo, a verdadeira felicidade consiste em proceder bem em todos os seus atos. É não ter nada do que se arrepender, é não causar danos.

5.1 – Frases sobre a felicidade

➤ "A felicidade humana geralmente não se consegue com grandes golpes de sorte, que podem ocorrer poucas vezes, senão com pequenas coisas que ocorrem todos os dias." – Benjamin Franklin (1706 a 1790), estadista e cientista dos Estados Unidos.
➤ "A felicidade é interior, não exterior; portanto, não depende do que temos, senão do que somos." – Henry Van Dyke (1852 a 1933), escritor norte-americano.
➤ "O verdadeiro segredo da felicidade consiste em exigir muito de si mesmo e muito pouco dos outros." – Albert Guinon (1863 a 1923), dramaturgo francês.
➤ "Minha felicidade consiste em que sei apreciar o que tenho e não desejo com excesso o que não tenho." – Leon Tolstói (1828 a 1910), escritor russo.
➤ "A felicidade é a certeza de não sentir-se perdido." – Jorge Bucay (1949-) escritor e psicoterapeuta argentino.
➤ "O segredo da felicidade não é fazer sempre o que se quer, senão querer sempre o que se faz." – Leon Tolstói (1828 a 1910), escritor russo.
➤ "Desça às profundezas de si mesmo, e consiga ver sua alma boa. A felicidade somente é feita por cada um, com a boa conduta." – Sócrates (470 a.C. a 399 a.C.), filósofo grego.
➤ "Não devemos permitir que alguém se afaste de nossa presença sem se sentir melhor e mais feliz." – Madre Tereza de Calcutá (1910 a 1997), missionária de origem albanesa, naturalizada indiana.
➤ "Só há felicidade onde há virtude e esforço sério, pois a vida não é um jogo." – Aristóteles (384 a.C. a 322 a.C.), filósofo grego.
➤ "Feliz aquele cujo conhecimento é livre de ilusões e superstições." – Buda (século VI a.C.), fundador do Budismo.
➤ "Existem três classes de pessoas que são infelizes: a que não sabe e não pergunta, a que sabe e não ensina e a que ensina e não faz." – Buda.

5.2 – Meditação reflexiva para a boa sorte e a felicidade

PROCEDIMENTOS

- Utilizar incenso de sua preferência e música relaxante.
- Fazer o *mudra* conhecido como *kapitthaka* (do Buda sorridente): dedos indicadores e médios de ambas as mãos estirados, o restante dos dedos dobrados. Serve para abrir o fluxo de energia que sai do coração.

DESENVOLVIMENTO

- Recitar, por três vezes, o *mantra* **OM SRI** (lê-se xri) **GOVINDAYA NAMAH**. Mantra da felicidade e boa sorte na riqueza, nas oportunidades.

O Chamado

Sei que a boa sorte e a felicidade são dois aspectos mentais e que um está interligado ao outro por uma curta distância.

Dessa forma, sei que existo e sou responsável por meus atos. E eu sou o artífice de meu destino.

Se semear erros, irei me converter em um desventurado.

Mas se semear boas oportunidades, segurança, terei muitas chances de triunfar.

Por isso, é necessário investir-se de otimismo que, em cada dia, os acontecimentos, o que pensa sobre si mesmo, mudarão para melhor.

Não quero pensar em tristezas, nem mágoas, nem rancores ocultos. Porque, nesse sentido, sei que o fracasso é iminente.

Cada dia combaterei com a ação de meu poder de convencimento.

Cada dia me superarei e me distinguirei dos demais.

Cada dia brilharei com luz própria.

A força do chamado está vindo para mim para perguntar o que desejo.

Desejo que a vibração me dê coragem para seguir trabalhando.

Desejo nunca desanimar por algum tropeço de trabalho, quer seja em meu escritório ou em algum projeto espiritual que queira realizar.

Quero nunca desanimar, quero seguir adiante.

Buscarei novas formas para manter tanto minha beleza interior como a exterior.

Buscarei novas cores e novos estilos.

Pesquisarei, sim.

Hoje inovarei e serei um alquimista, nunca ficarei conforme.

Dizem que a sorte chega assim, com esses pensamentos, de forma rápida e abundante.

Mas não quero ser inundada de oportunidades.

Sei que causarei sensação aos olhos de outras pessoas.

Mas calma, o objetivo está na mira.

A boa sorte está comigo.

Enquanto os outros estão começando, eu estou terminando.

Vejo que as oportunidades estão do meu lado.

Sentir-se plena de satisfação é ser feliz?

Pois, se não é, é um bom começo, porque enriqueceu minha vida pensar de outro modo.

Antes, era diferente, perdia-me em um mar de dúvidas e de medos.

E me parecia que a vida era vazia, sem sentido.

Mas hoje será diferente, ativarei meus neurônios e serei feliz.

Posso manter esse pensamento de felicidade por muito tempo.

Quero que a lei da atração se concentre em meus pensamentos.

Hoje desejo que a grande luz universal faça o chamado às forças vibracionais do Cosmos.

Visualização

Primeiramente, visualizarei uma luz branca que sai do sétimo chacra (topo da cabeça) e que inunda meus neurônios.

Essa iniciação será feita para que os neurônios permaneçam em contínua abertura para pensamentos prósperos.

Que a grande luz branca me dê perseverança para conseguir todos os êxitos que procuro.

Não desejo que pensamentos obscuros inundem meus projetos, quero ver-me livre deles.

Agora, posso pedir que se abra para mim a felicidade, e não haja ninguém que possa se opor à minha felicidade.

Ninguém me tirará esse direito de ser feliz.

Hoje, quero que a roda da fortuna esteja ao meu lado.

Vou visualizar um objetivo em minha vida e desejo vê-lo realizado imediatamente.

Sei que a lei da atração fará com que meu desejo de felicidade esteja ao meu lado.

- Vou atomizar meu desejo pronunciando o *mantra* OM SRI GOVINDAYA NAMAH e concentrar na posição de minhas mãos.

Vou prolongar meu chamado supremo e a lei da atração se mobilizará de uma energia inigualável.

Sua luz branca me envolverá com a irradiação do sétimo chacra.

Sinto como a roda da sorte sintoniza em meu quarto chacra (do coração) para robustecer essa paixão que sinto em poder conseguir minhas metas.

Sim, sinto que posso ser feliz depois de atingir todas as minhas prioridades.

Sei que a boa sorte inunda todo o meu ser.

Sei também que para ser feliz tenho de compartilhar.

Isso me ajudará a buscar a felicidade.

Não deixarei que o dinheiro e a riqueza me façam infeliz.

A felicidade é afrontar os sofrimentos e encarar a vida com valentia, para que não aconteçam mais.

Tenho o poder para mudar o rumo dos acontecimentos, e não o farei entristecida e com desânimo, estarei sempre com um sorriso.

Encher-me-ei de ânimo e todos verão meu entusiasmo.

Desde agora, desterrarei a infelicidade arrancando-a de meu coração.
E essa força me fará feliz, abrir-me-á os olhos.
Eu, que não via nada do formoso da natureza, hoje amarei o mundo.
Hoje atrairei a boa sorte.
As coisas lindas se apresentarão.
Serei dono de minhas emoções.
Juro que não chorarei; se sofrer, quero transformar com valor.
E dia a dia lutarei por minha felicidade.

6 – A Boa Sorte nas Coisas que Empreendemos

Para atrair a boa sorte nos empreendimentos, faz-se necessário transformar nossos pensamentos, tornando-os positivos. Com isso, podemos direcionar o fluxo de energia do Universo para nós mesmos.

Um dos maiores dons que o ser humano possui é a imaginação, com ela podemos modificar qualquer coisa que desejarmos. Porque a imaginação é a base de nossos sonhos.

Existem sonhos que têm como meta o benefício próprio e os demais. Para a lei da atração incluir todos é um fator indispensável.

Nesse sentido, se possuirmos a fé e empenharmos uma ação, seguramente essa ideia irá se realizar. Portanto, esforce-se por imaginar o sonhado antes de ele ter se realizado. A crença positiva e a ação são a chave para mudar nosso futuro.

Para se ter boa sorte é indispensável criar um vínculo com potências de energia que circulam no espaço. Essas são encaminhadas para pessoas com carma (caminho) limpo, serenas, joviais e com muita fé.

O sorriso e um bom ânimo são os segredos de um empresário triunfador. Então, afaste-se dos medos, da postura de dizer que não consegue, que isso não é para você ou de dizer que não pode fazer tal coisa.

Se quisermos que a sorte nos acompanhe, empreendamos algo com fé por mais insignificante que pareça. Vamos proceder como se fôssemos felizes e isso contribuirá para fazê-lo feliz.

Para alcançar a felicidade é imprescindível controlar nossos pensamentos. A felicidade depende de condições internas, e não externas.

6.1 – Frases sobre sorte nos empreendimentos

➤ "A sorte favorece somente a mente preparada." – Isaac Asimov (1920 a 1992), escritor e bioquímico norte-americano.
➤ "Sou um grande crente da sorte, e descobri que quanto mais arduamente trabalho, mais sorte eu tenho." – Stephen Leacock (1869 a 1944), escritor canadense.
➤ "A sorte não é mais que a habilidade de aproveitar as ocasiões favoráveis." – Orison Swett Marden (1850 a 1924), escritor e empresário americano.
➤ "Sorte é o que sucede quando a preparação e a oportunidade se encontram e se fundem." – Voltaire (1694 a 1778), filósofo e escritor francês.
➤ "Às vezes uma batalha decide tudo e, às vezes, a coisa mais insignificante decide a sorte de uma batalha." – Napoleão Bonaparte (1769 a 1821), imperador francês.
➤ "Cada vez que um homem defende um ideal, atua para melhorar a sorte de outros ou luta contra a injustiça, transmite uma onda diminuta de esperança." – Robert Kennedy (1925 a 1968), político norte-americano.
➤ "Pense em ser grande e a sorte sempre estará ao seu lado." – Sonia Regina Gomes (1957-), psicóloga e escritora brasileira de livros de autoajuda.

6.2 – Meditação para atrair a boa sorte nos empreendimentos

PROCEDIMENTOS

- Utilizar o incenso de sua preferência e música para relaxamento.
- Colocar-se em postura de meditação e fazer o *mudra* conhecido como *Sat Kriya*: juntar as mãos na frente do corpo, dedos polegares entrelaçados, enquanto dedos indicadores estão estirados e juntos, restante dos dedos dobrados. Com os dedos indicadores juntos, a boa sorte e a expansão são ativadas, facilitando atravessar todo tipo de impedimentos.

DESENVOLVIMENTO

Meditação reflexiva

Tendo um pensamento positivo em tudo o que se empreende, adquirimos um fluxo de energia que mudará o rumo de nossas vidas para um bem próprio.

O pensamento positivo tem de estar enraizado em nossa mente. Precisa ter a força mental adequada para determinado fim.

Nunca se deve pensar contrariamente, porque o fluxo dimensional desaparecerá por completo.

Para que a sorte nos acompanhe, roguemos para que nosso chamado seja uma ordem.

- O *mudra* e o *mantra* nos manterão conectados a essa maravilhosa ligação com o espaço, para que a grande força da atração abra as portas da sorte e outorgue contínuo fluxo de energia. Este trará a nossas vidas as oportunidades de que necessitamos. Recitar três vezes o mantra **OM SHARAVANA BHAVAYA NAMAHA** para trazer o sucesso e a boa sorte nos empreendimentos.

O Chamado

Quero que se abra este clamor e que eu seja escutado.

Quero possuir a força mental naturalmente em qualquer situação de minha vida.

Atrairei a sorte para mim mesmo.

Desejarei o que me proponho.

Sinto que a vibração me preenche com sua força.

Hoje mudarei meu rumo.

As coisas que não conseguia, agora irei conseguir.

Terei confiança no futuro.

Serei otimista.

Tratarei de sorrir com cada desejo e o imaginarei cumprido.

Se não o cumprir, tentarei novamente, até que se realize meu propósito.

Mas para que essa força se instale em mim, também terei de adaptar-me às demais pessoas.

E tentarei compreender aos demais, ao ignorante, ao néscio.

A partir de hoje serei tolerante.

Sim, tolerarei e respeitarei as ideias dos demais.

A sorte sempre me acompanhará.

E seu fluxo de energia vai me cobrir.

E poderei lograr o que desejo.

7 – Vibração para a Paz Mundial

A paz é um estado de equilíbrio e entendimento de si mesmo e entre os demais. Com ela, o respeito é adquirido pela aceitação das diferenças e tolerâncias mútuas.

O desejo é que os conflitos sejam resolvidos por meio do diálogo, que os direitos das pessoas sejam ouvidos e respeitados na mais alta serenidade, sem tensão social.

A paz é um estado de quietude e harmonia com os demais e consigo mesmo. Nesse sentido, a paz mundial seria um produto de ordem mundial.

A verdadeira paz deve ser a interior, a paz da alma.

Deixar de impor normas morais e éticas aos outros e viver uma vida de autoentendimento é mais proveitoso que toda uma vida de imposição e juízos vãos.

O gozo, o amor, a paz é o que devemos desejar a nós mesmos, servindo como agentes de trocas positivas e dando um exemplo do que cremos e vivemos.

O novo paradigma é entender que a paz de um basta e sobra para sentir-se digno de ser chamado ser humano.

Conseguir sentir-se em paz requer um processo interno em que as pessoas devem cimentar um caminho de vida, em que não exista a possibilidade de gerar conflitos ou problemas que as afetem. Tendo em vista que a própria vida traz períodos de grandes dificuldades, e que depois de uma luta sã é possível obter a paz.

7.1 – Frases sobre a paz

- "Nunca leves tuas melhores calças quando saíres a lutar pela paz e a liberdade." – Henrik Johan Ibsen (1828 a 1906), dramaturgo norueguês.
- "A paz obtida na ponta da espada não é mais que uma trégua." – Pierre Joseph Proudhon (1809 a 1865), filósofo francês.
- "A paz na Terra, suprema aspiração de toda a humanidade através da história, sem dúvida que não pode estabelecer-se nem consolidar-se, se não se respeita fielmente a ordem estabelecida por Deus." – João XXIII (1881 a 1963), papa da Igreja Católica.
- "Ou caminhamos juntos até a paz ou nunca a encontraremos." – Benjamin Franklin (1706 a 1790), estadista e cientista norte-americano.
- "Nós homens construímos demasiados muros e não suficientes pontes." – Isaac Newton (1642 a 1727), matemático e físico britânico.
- "Não há caminho para a paz, a paz é o caminho." Mahatma Gandhi (1869 a 1948), político e pensador indiano.
- "Quando me perguntaram sobre alguma arma capaz de contrapor o poder da bomba atômica, eu sugeri a melhor de todas: a paz." – Albert Einstein (1879 a 1955), cientista alemão, naturalizado norte-americano.
- "A paz exige quatro condições essenciais: verdade, justiça, amor e liberdade." – João Paulo II (1920 a 2005), papa da Igreja Católica.
- "A paz começa com um sorriso." Madre Teresa de Calcutá (1910 a 1997), missionária de origem albanesa, naturalizada indiana.
- "Que ninguém tenha ilusões de que a simples ausência de guerra, ainda que seja tão desejada, seja sinônimo de uma paz verdadeira. Não há verdadeira paz se não vier acompanhada de equidade, verdade, justiça e solidariedade." – João Paulo II (1920 a 2005), papa da Igreja Católica.

7.2 – Meditação para a paz mundial

PROCEDIMENTOS

- Utilizar incenso de sua preferência e música suave.
- Fazer o *mudra* conhecido como *Ushas*: dedos entrelaçados de uma mão na outra, palmas voltadas para o corpo. Equilibra nossas relações sociais e faz expandir nossas vibrações internas para um fim nobre.

DESENVOLVIMENTO

- Recitar, pausadamente, o *mantra* **OM VAJRA SATTWA HUNG** três vezes. Usado para liberar o planeta do lixo que o ser humano produziu e, com nossa palavra, essa energia transforma-se em luz solar. Esta, por sua vez, tem a função de limpar o mundo todos os dias. Ao recitarmos esse *mantra*, estaremos incentivando esse processo.

Meditação Reflexiva

A paz mundial é representada pelo equilíbrio harmônico do planeta e de sua população, não importando raças nem credos. Todos vivem em uma irmandade e se sustentam das proteínas que a Mãe Terra oferece.

Esse inigualável vínculo supremo tem como finalidade morar com alegria e está regido por leis e preceitos de cada país e seus governantes, os quais velam por sua soberania. Impedem, também, que outros violem ou maltratem suas fronteiras.

Se Deus mandou que morássemos neste mundo e que o habitássemos decentemente, foi para fazer com que cada família formasse seu lar e vivesse de acordo com as leis estabelecidas.

Haverá paz mundial somente quando o homem acabar com os conflitos que desembocam em guerras ou guerra mundial.

Vamos, então, pedir à grande luz da atração universal que mande vibrações a este mundo cada vez mais conflitivo. Onde irmão briga contra irmão e tira a vida de outros irmãos inocentes.

Visualização

Busque com ardorosa súplica a luz violeta que sairá de seu quarto chacra (do coração) e circulará todo o seu campo áurico. A força dessa luz violeta se encarregará de fazer o chamado, concomitante à voz que sai de seu chacra da garganta em forma de oração.

O Chamado

Peço à força do Universo vibracional e faço o chamado supremo à lei da atração, que, por mediação dos espíritos que protegem o mundo de guerras e desastres, velem pela paz mundial.

Desejo que, por sua infinita misericórdia, afastem vozes de guerras e de conflitos.

Quero que esta luz (violeta) chegue, em forma de espiral, em todas as almas de políticos e generais, para que se apague esse incêndio de ira e de morte que os rodeia, e que os torna inacessíveis a toda dor.

Quero aplacar seu fanatismo.

Quero fazer desaparecer o ódio por seus irmãos.

Quero cobrir seus corações com essa luz imaculada, para fazê-los desistirem de seus propósitos bélicos.

Oh! Força da atração universal!

Por favor, acuda este chamado, dando-lhes entendimento e sabedoria para seus duros corações.

Que busquem a paz mundial!

Que, ao mandarem seus exércitos destrutivos, pensem em seus filhos e no futuro que terão seus netos.

Porque sei que o mal se encontra disfarçado pelo heroísmo fanático e destruidor do genocídio.

- Abra os braços e sinta a luz violeta que se enlaça com a grande roda vibracional do chamado. Espere alguns instantes, para que a força, em forma de espiral, preencha os corações de amor daqueles que foram citados, para que desistam de sua missão de destruir o mundo.

O sangue dos inocentes derramados em tantas guerras clama misericórdia.

Que pare de reinar a violência em algumas partes do mundo.

Que as guerras cheguem a seu fim.

Peço com todo fervor que não se façam mais derramamentos de sangue em pessoas inocentes.

Sei que a grande luz violeta escutará esse pedido.

Por esta razão triplico sua força dizendo: quero ver o mundo fora de perigo, quero ver paz.

Que todos os irmãos, de cidades distantes, abracem-se pela paz mundial.

Quero que esta oração preencha de amor os corações mais duros.

Quero ver as pessoas sorrindo em liberdade.

Quero essa irradiação ajudando os irmãos, para uma maior compreensão entre eles.

Que todas as religiões se unam em uma só, símbolo de amor.

Porque contribuí com minha força mental para fazer o chamado ao universo molecular e trazer novas vibrações de poder.

- Agora, imagine os líderes mundiais que estão em guerra, e visualize como a luz violeta os envolve, um por um.

Depois de visualizar o político ou militar, dizer a ele: eu te preencho de luz violeta que simboliza a paz universal.

Quero que desista da guerra e seja um aliado para a paz.

Quero que essa grande luz toque seu coração, pelo sentimento do amor.

Imploro-te, luz divina, que faças deste homem um aliado para a paz no mundo.

Faz que sua mente mude, para que liberte seu povo, não com guerra ou tirania, mas com amor e sabedoria.

Quero que meu chamado se conecte com a vibração universal.

Peço e serei escutado, porque o triunfo estará ao meu lado.

Toda coisa que atraio para mim me dará uma força suprema.

E o movimento molecular do Universo mudará os acontecimentos por suceder, e o preencherá de tudo o que eu ordeno.

Quero a paz interior para todos os seres humanos.

Quero a paz no lar para todas as famílias.

Quero a paz em minha família, igualmente para meu cônjuge ou meu namorado.

Quero a paz para todos os trabalhadores, de todas as cidades do mundo.

Quero que todos abracem a paz.

Quero que essa força chegue para todos os industriais do mundo e os faça raciocinar, para manter a atmosfera limpa.

Que seus corações aprendam a ter respeito pela natureza e pelos animais que a povoam.

Desejo que o chamado alcance também suas famílias e que busquem a paz com Deus, imitando-O, sem travas ou preconceitos.

Que a paz me abrace e a todos os confins do planeta.

Grande luz, do grande chamado universal: quero pedir-te que outorgues paz aos membros de minha família, a meus pais, meus irmãos, meus filhos, meu cônjuge, meus tios e primos.

Quero que os mantenha unidos em paz.

Que as brigas, por duras que tenham sido, desapareçam imediatamente.

Dê a eles a calma e a felicidade que buscam.

E faça-os valentes, diante da morte e da adversidade.

Por isso te peço, ó grandioso Deus!

Por aqueles órfãos de guerra, de pai e mãe, que não têm a paz que eu tenho.

Faz com que os homens de poder e riquezas olhem essas criaturas indefesas.

Que não lhes falte abrigo nem alimento.

Faz com que milhares que passam fome hoje tenham sua ração de alimento.

Move os corações dos homens, faz com que distribuam bem suas riquezas.

E assim, possas limpar sua alma, devolvendo-lhes a paz de que necessitam.

E agora, quero a paz com meu eu interior.

Quero conhecer-me e saber quem eu sou para poder ter essa paz que tanto busco.

Quero ver agora minha família, com os olhos da alma, para que eles me mostrem os erros cometidos.

Quero voltar-me para minha família, reunido com meus pais, irmãos, filhos e netos.

Quero ser eu o exemplo, colocar a primeira pedra, para que assim minha alma se farte de paz.

Assim seja.

8 – Os Companheiros Evolutivos

Falar sobre companheiros evolutivos nos faz remeter às relações afetivas sadias, estabelecidas por nossa alma, no decurso de suas existências.

São encontros com almas afins, que se complementam, ajudam-se e se amam. Nesse sentido, os encontros mais produtivos, que deram certo entre essas duas almas, geraram laços íntimos de união e apoio, que se repetem em encontros posteriores, com o objetivo de auxiliar na evolução da alma.

Ambos decidem crescer tanto espiritual como intelectualmente, cada um de acordo com seus propósitos, e se incentivam mutuamente por esse crescimento pessoal. Não existe o egoísmo e carregam um desejo, às vezes inconsciente, de levarem juntas suas missões.

Assim, podemos também encontrá-los, seja por um objetivo comum de trabalho, nas relações familiares, como pai, mãe, filhos, como nas amizades. Em qualquer situação levam-nos a superar obstáculos da vida, como também compartilham e vibram com nossas conquistas, suprindo-se, mutuamente, das necessidades de afeto.

Cabe ainda acrescentar que existem vários companheiros evolutivos. Estes poderão ou não fazer parte de nossa mônada divina (mundo espiritual afim ao qual pertencemos) ou terem o mesmo destino comum, podendo ainda ocorrer encontros transitórios e as almas não mais se reencontrarem.

8.1 – Frase sobre os companheiros evolutivos

➤ "Devemos nossas mentes às vidas e mortes de todos os seres, que em algum momento viram-se implicados nisso que chamamos

de evolução. Nossa tarefa é fazer com que todo esse trabalho que fizeram não acabe sendo um desperdício carente de sentido."
Marvin Minsky (1927-), cientista norte-americano de estudos cognitivos, no campo da inteligência artificial.

8.2 – O chamado do companheiro evolutivo

Primeira meditação

PROCEDIMENTOS

- Utilizar incenso de sua preferência e música suave.
- Fazer o *mudra* do amor: mão direita repousando sobre a esquerda, e dedos polegares tocando-se pelas pontas, mãos na altura do peito. Serve para conectar com a força do amor, canalizando essa energia em ambas as palmas, fazendo uma reciclagem perfeita com todo o nosso sistema energético.

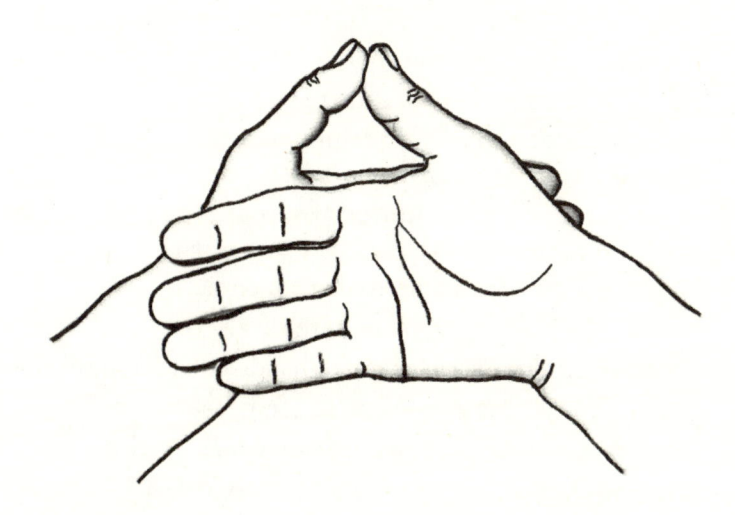

DESENVOLVIMENTO

- Recitar, três vezes, o *mantra* **SAT PATIM DEHI** (lê-se deri) **PARAMESHWARA**, para as mulheres que desejam encontrar um companheiro. Um pedido de, por favor, conceda-me um companheiro de verdade, que encarne os perfeitos atributos masculinos.

- Recitar o *mantra* **OM SHRIM SHRIYEI NAMAHA**, para os homens que procuram uma companheira. Evocando saudações para a abundância criativa (feminino), que é a verdadeira forma deste Universo.

O Chamado

Desejo firmemente que a onda expansiva da atração me envolva com seu manto de luz.

Quero, por intermédio dessa luz universal, que meu companheiro evolutivo seja guiado pelo caminho que o una a mim, e que me ensine o bom da vida.

Quero que, ao encontrar-me, caminhe ao meu lado, estenda sua mão para mim e me cubra de carícias.

Quero vivenciar junto a ele o amanhecer de um novo dia.

Quero abrigar-me em seus braços e dar-lhe esse calor que irradio, ainda que à distância.

Quero, imperativamente, que a atração universal aperfeiçoe meu companheiro evolutivo.

Quero presenteá-lo com ímpeto e valentia.

Quero, desde o fundo de minhas entranhas, mudar seus erros para um bem comum.

Quero que a atração universal escute meu pedido, e que não demore em realizá-lo.

Agora sei que ele está perto de meu coração.

Sinto palpitar de gozo quando me acaricia.

Quero que ele se acople, também à distância, à minha alegria.

Quero que ele me aperfeiçoe ao seu pensamento.

Quero deixar meu orgulho de lado e fazê-lo feliz.

Sinto-o chegar, não o vejo, mas sinto-o chegar.

Ele tranquiliza minha tristeza, dá-me normas para seguir vivendo.

E eu sou grata a ele.

- Agora, mentalizarei uma alta montanha, e nela imaginarei que mora a esperança.

A esperança é a última que morre.

Dessa maneira, adentrarei em sua morada.

Quero que esse meu chamado seja feito de forma natural, quero afastar obstáculos para ele, pedras imensas, para que, quando o encontrar, ele possa transitar sem erros e sem medos.

Assim, eu o ajudarei em suas realizações, em seus projetos e convicções.

Eu serei sua aliada mais íntima.

E, dessa maneira, ele poderá buscar-me, entre um mar de estrelas.

Quero desenvolver nele o valor inato e a valentia, para dar coragem de enfrentamento ao nosso caminho (cármico).

Desejo que ele encontre, em minhas palavras, um elixir de calma e felicidade.

Que essa imensa luz da atração gire depressa, para avivar meus projetos.

Quero mentalizá-lo amando-me perto de mim.

Se há forças externas que o sujeitam, impedindo que ele não apareça, quero desfazer todas as correntes que o prendem.

Meditação

Vejo que meu caminho está florido.

Caminhando, descubro novos aromas com cheiros inigualáveis.

Observo o céu, está de uma cor azul-claro, e um arco-íris aparece, adornando as nuvens do céu.

Sei que estou feliz, tenho tanta alegria, porque sei que meu companheiro evolutivo está perto. Renasceu ao primeiro contato de meu chamado.

De novo, vou mentalizar sua figura ao meu lado, para que ele mesmo, quando me encontrar, forme uma ideia de minha presença.

Quero estar bela e radiante à sua presença.

Que ele acredite, firmemente, que estou em sintonia contínua com ele.

Ao fazer meu chamado, desejo perdoar as pessoas que, por uma ofensa amorosa, tenham me ferido profundamente.

Sei que para encontrar meu companheiro é preciso perdoar aqueles que uma vez ofendi e me ofenderam.

Pois bem, desde agora perdoo, dentro de meu coração, todas as coisas que fiz maltratando muitos amores, com meu orgulho desenfreado e minha soberba.

Hoje, aprenderei a ser feliz com meu companheiro evolutivo.

Sei que a felicidade é mental; dessa forma, desejo que meus pensamentos se unam à grande estrela dele e, assim, poderei alimentar suas ideias para um progresso constante.

Que eu seja a força que ele tenha para alcançar seus objetivos.

Que eu seja a esperança, para que ele consiga e se proponha a concluir tarefas difíceis, estudos e cargos de mérito.

Eu serei seu tesouro maior.

Eu serei a razão de sua existência.

Quero também que me ajude a ser humilde diante do sucesso.

Se já está perto de mim, quero abrir seus olhos e caminhar com ele por um percurso melhor.

Quero pedir à lei da atração e a todas as forças evolutivas da natureza, em união com o Cosmos, que, neste exato momento de meu chamado, o companheiro evolutivo receba um chamado sensorial.

Que neste exato momento adiante-me a uma dimensão de luz contínua.

Quero que ele, onde se encontrar, sinta meu chamado e a vibração de sua alma.

Quero que esse contato em seu coração seja a conexão para que ele me busque e me encontre.

Que, ao ver-me, ele sinta o chamado de minha alma. E, assim, a conexão dele se acoplará à minha, e juntos a contemplaremos.

Quero que minhas palavras produzam um alívio constante em seu ser. E que ele me encha de favores.

Sinto que meu caminho está florido.

Sei que meu companheiro evolutivo atingiu minhas esperanças.

Quero que ele me espere silencioso.

Eu o reconhecerei de imediato.

Sentirei como seu fogo interno envolve-me como uma brasa.

Quero que essa sublime atração igualmente atinja ele.

Quero que com a ajuda milagrosa do *mantra* e *mudra* atomize, ainda mais, meu chamado.

Repetir algumas vezes o *mantra* SAT PATIM DEHI PARAMESHWARA

Porque eu quero ver depressa esse sonho que minha alma busca ser concluído.

Quero que o poder da atração universal escute meu clamor e me conceda o que peço.

Quero firmemente que se cumpra esse preceito universal e que atenda minha deferência.

Seguirei falando por dias esses pedidos, até que a lei da atração me atinja.

Serei perseverante e lutarei.

Sempre sem me desesperar, sempre com harmonia.

A felicidade e o sucesso de meu encontro dependem de mim.

Mas a abertura de meu chamado já está em processo.

Oração para o Chamado do companheiro evolutivo

"Desejamos que a grande luz universal, que vibra em cada momento de nosso pedido, faça-nos encontrar nosso companheiro evolutivo.

Que a atração de nossa palavra fique registrada como um eco no Cosmos.

A própria espiral do universo dimensional proporcionará esse favor que estamos atingindo.

Que não existam obstáculos para meu chamado!

Quero que o Universo dimensional se abra a meu pedido, por ser de justiça.

Necessito de meu companheiro evolutivo ao meu redor.

Ele me protegerá com suas fortes mãos e me conduzirá à felicidade, assim seja."

8.3 – Atração da companheira evolutiva e do amor fraternal

Segunda meditação

PROCEDIMENTOS

- Utilizar incenso de sua preferência e música relaxante.
- Fazer o *mudra* do amor: mão direita repousando sobre a esquerda, e dedos polegares tocando-se pelas pontas, mãos na altura do peito. Serve para se conectar com a força do amor, canalizando a energia do amor em ambas as palmas, fazendo uma reciclagem perfeita com todo o nosso sistema energético.

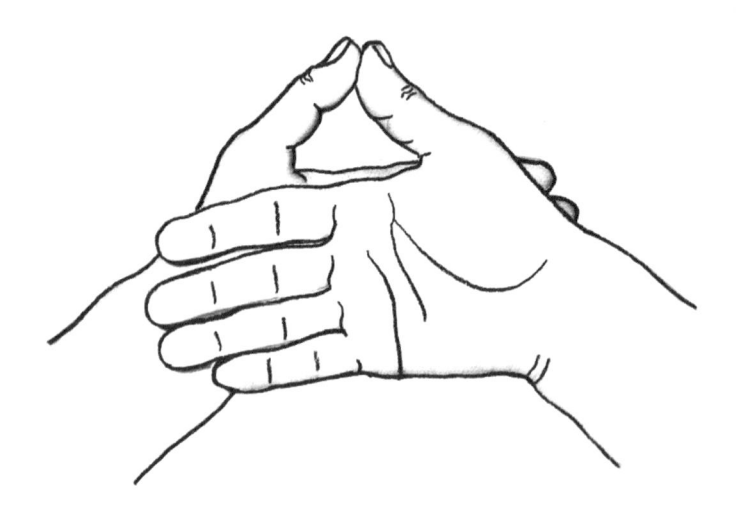

DESENVOLVIMENTO

- Recitar, três vezes, o *mantra* **SAT PATIM DEHI PARAMESHWARA**, para as mulheres que desejam encontrar um companheiro. Significa: por favor, conceda-me um companheiro de verdade, que encarne os perfeitos atributos masculinos.

  Recitar, três vezes, o *mantra* **OM SHRIM SHRIYEI NAMAHA**, para os homens que procuram uma companheira. Evocando saudações para a abundância criativa (feminino), que é a verdadeira forma deste Universo.

8 – Os Companheiros Evolutivos

O Chamado

Hoje quero encontrar minha companhia evolutiva.

Quero que agora mesmo se abra para mim a porta da felicidade e eu encontre minha companhia evolutiva.

Estou sentindo que as vibrações estão se ampliando, cada vez mais, em meu coração.

Sintonização

Sinto uma luz rosa que me envolve desde os pés à cabeça. A luz rosa é a essência da expansão da consciência, que se adere ao quarto chacra (coração) e me mostra o caminho, sem travas, sem obstáculos. E favorece uma síntese de compreensão interna do que já vivemos até então, a fim de poder me entrelaçar com minha companheira evolutiva.

Obs.: a ressonância rosa fará com que nosso campo áurico se purifique de energias que nos baixam a estima e que lastimam o ego, a personalidade.

- Recitar, agora, a ordem para o universo vibracional.

"Quero encontrar meu (minha) companheiro(a) evolutivo(a)". Ficar por alguns instantes inspirando o ar em seus pulmões, para logo exalá-lo lentamente pela boca.

De novo repetir o comando:

"Quero encontrar meu (minha) companheiro(a) evolutivo(a)".

Inalar, e logo, exalar o ar.

Bastam esses dois comandos para observar como nos sentimos atraídos pelo movimento universal.

Sinta o prazer que emana e, com os olhos fechados, recite o *mantra* **SAT PATIM DEHI PARAMESHWARA** algumas vezes. O *mudra* correspondente ajudará, ainda mais, no processo vibracional do Universo. Empenhe-se para que o fenômeno da atração comunique você com esse som universal, fazendo com que seu canal energético (intencional) desloque-se de forma veloz, sem interrupções, e que busque a vibração de sua essência por seu chamado.

Meditação

Agora, para fazer com que o canal energético (da intenção) conecte-se com a sintonia de sua companheira(o) evolutiva(o), concentre-se em uma luz amarelo-limão incandescente. Com essa cor amarela, você sai para explorar, com o canal da intenção, a essência das vidas passadas. Essa luz fará o contato e se acoplará ao canal energético com vivências cheias de amor, paixão, não somente no relacionamento amoroso, a dois, mas poderá encontrar amor fraternal unindo ligações do passado. Se quiser fortalecer laços de família, esse é o momento, caso esteja com problemas. Igualmente para as amizades, no fortalecimento de laços. As probabilidades estão a seu favor, se assim desejar fervorosamente.

- Nesse momento, em forma de oração repita:
"Quero que o Universo outorgue minha vontade.
Quero que as forças vibracionais correspondam, ilimitadamente, a todos os meus pedidos.
Sei que em horas ou em dias, a onda vibracional, por fim, chegará na porta de meu coração.
Sinto que minha força de atração é imensa.
Por nenhum motivo posso duvidar ou estar inseguro.
Sei que encontrarei o que busco."
- E para finalizar a meditação, visualize um círculo vermelho que chega pouco a pouco até você, acercando-se lentamente. É bom imaginar esse círculo, pois representa o fechamento da vibração.

9 – Aquisição da Autoconfiança

É o sentimento de aceitação e apreço por si mesmo.

Não está relacionado com o que você é, senão com o que você acredita ser. E, se confia em si mesmo, irá se sentir competente e valioso, pois a autoconfiança impulsiona você à ação e o motiva para que alcance seus projetos.

Seguem algumas sugestões para melhorar a autoconfiança:

– Persevere, pois a vida sempre nos traz obstáculos e você tem de ser mais forte, para não ficar inerte quando a situação não sair como pensou. Responsabilize-se pela situação, analise qual foi seu erro e solucione o quanto antes.

– Acredite em si mesmo. Se você crer que pode conseguir um objetivo, seguramente o conseguirá, porque é imprescindível ter fé em suas habilidades e será fácil atuar com toda a confiança.

– Pense sempre no positivo. Se seus pensamentos são positivos, estes terão um efeito sobre suas emoções e trarão maior autoconfiança.

– Identifique seus próprios problemas, todos têm, e se conseguir identificá-los, resolva-os de imediato. É recomendável pensar em suas fortalezas, como também em suas debilidades, e pense em melhorá-las. Recorde que a autoestima positiva é aceitar a si mesmo e dar-se seu próprio valor.

– Evite pensar negativamente sobre si mesmo, já que isso debilita a autoconfiança.

9.1 – Frases sobre a autoconfiança e a segurança

➤ "Um ato de confiança dá paz e serenidade." – Fiodor Dostoiévski (1821 a 1881), escritor russo.

- "O otimismo é a fé que leva à realização. Nada pode ser feito sem esperança ou confiança." – Helen Keller (1880 a 1968), escritora norte-americana.
- "O que há de mais certo é confiarmos em nós mesmos, para nos tornarmos pessoas de mérito e de valor." – Michelangelo Buonarroti (1475 a 1564), pintor e escultor italiano.
- "Tenha paciência com todas as coisas, mas principalmente tenha paciência consigo mesmo... A cada dia que se inicia, comece a tarefa de novo." – São Francisco de Sales (1567 a 1623), santo e humanista francês.
- "A inveja é a falta de fé em si mesmo." – (ditado árabe).
- "Uma pessoa não está acabada quando é derrotada, mas quando desiste." Richard Nixon (1913 a 1994), ex-presidente dos Estados Unidos.
- "A coragem conduz às estrelas, e o medo à morte." – Sêneca (4 a.C. a 65 a.C.), pensador romano.
- "O covarde nunca começa; o fracassado nunca termina; o vencedor nunca desiste." – Norman Vincent Peale (1898 a 1993), escritor norte-americano.
- "A preocupação deveria levar-nos à ação e não a depressão." – Karen Horney (1885 a 1952), psicanalista norte-americana.
- "Determinação, coragem e autoconfiança são fatores decisivos para o sucesso. Se estivermos possuídos por uma inabalável determinação, conseguiremos superá-los. Independentemente das circunstâncias, devemos ser sempre humildes e despidos de orgulho." – Dalai Lama (1935-), monge budista tibetano.

9.2 – Segurança e confiança em suas ações – Meditação

PROCEDIMENTOS

- Utilizar incenso de sua preferência e música para meditar.
- Fazer o *mudra* conhecido como *Prithivi*: unir dedos anulares e polegares de ambas as mãos. Com o objetivo de despertar toda a confiança na vida e em si mesmo, e a segurança para atingir suas metas.

DESENVOLVIMENTO

- Recitar o *mantra*: **OM HRAM HRIM HRAUM SAH SURIAIA NAMAHA**, três vezes. Som que vibra na autoconfiança, no entusiasmo, criatividade, liderança e brilho pessoal.

Oração

Hoje, desejo que a confiança e a segurança sejam um aliado para meu ânimo.

Quero reverter todas as minhas torpezas e meus temores, e, para que isso ocorra, formarei um caráter com a dureza do aço.

Minhas ações serão transparentes e confiantes. Não temo o infortúnio.

Sei que conseguirei minhas metas, custe o que custar. E, se não as conseguir, começarei a preparar-me para o triunfo.

Desejo que o Universo dimensional me abra a porta do otimismo e da confiança em mim mesmo, para seguir adiante em meus projetos e ambições. Não posso temer, porque sei que me preparei para triunfar.

Sei que sou forte de caráter e varrerei todos os obstáculos que a vida puser em meu caminho.

Tenho a certeza de que chegarei à meta que me proponho, não importa se levarei vários anos para consegui-la; ao menos a escreverei em minha mente, para que nunca se apague meu desejo fervoroso.

Quero registrar no soberano poder da atração minhas ambições, por mais descabidas que sejam; nada se oporá para que eu logre meus objetivos.

Hoje, desejo que essa nuvem negra da indecisão, que há em minha mente e não me deixa progredir, desapareça para sempre. Porque sei que, para atingir as metas, tenho de acreditar nelas e ter uma fé cega que elas, em verdade, acontecerão.

Peço ao poder da atração para que isso aconteça. Submergirei em um otimismo inigualável. Quero que a autoconfiança invada, agora mesmo, minha mente e me impulsione com toda a sua força para o êxito pessoal.

Quero que meus entes queridos também tenham essa radiação de força mental que me embriaga neste momento. E que eles consigam, por meio da autoconfiança, fazer de seu caminho um desfrutar pessoal maravilhoso.

Não serei o último, serei o primeiro. Quero romper agora mesmo com os temores que me faziam afundar na insegurança e no descrédito.

Hoje, poderei dizer ao mundo que venci. Que sou o mesmo de antes. Que uma energia incrível me impulsionou e me levará à vitória.

Não temerei o destino, porque o destino eu mesmo faço, agora mesmo, porque sei que tudo muda a seu tempo e sei que meu tempo chegou, com sons de vitória.

Sei que hoje mudarei meus pensamentos para um bem comum. Ninguém poderá arrebatar esse êxito que conseguirei.

Tenho de me concentrar em meus propósitos e me esquecer do fracasso e da negatividade. Mas, sobre todas as coisas, hoje respeitarei meus competidores e obterei um companheirismo mútuo com todas as pessoas.

Não submeterei meu potencial a coisas insignificantes. Quero ser um fogo sempre ardendo, sempre em atividade.

Sei que essa força embriagadora que hoje se apresenta para mim faz-se visível em meu caminho. Não deixarei para amanhã o que posso fazer hoje.

Sempre persistirei, nunca me abandonarei na inaptidão. Mas estarei sempre atento aos meus erros e saberei lidar com meu caráter, para que nunca o desejo ferrenho de mudança se afaste de mim.

Peço ao Universo dimensional que me dê nobreza e humildade para lograr minhas metas. Trabalharei de forma silenciosa e tenaz. E ninguém precisará saber das lutas internas pelas quais passarei.

Não perderei nenhuma oportunidade que se apresente. Terei a visão de uma águia, e a velocidade e a paciência de uma pantera.

Hoje, peço com todas as forças de minha alma que a boa ventura irradie para mim seus dons mais preciosos, como o da saúde, do amor e do trabalho bem remunerado.

Quero atrair como um ímã esses nobres valores. Que o infortúnio nunca chegue à minha vida, nem que a dor destrua meu coração.

Quero coisas boas para mim e meus entes queridos. Quero que a solvência econômica sempre esteja ao meu lado e nunca se afaste.

Quero progredir a cada dia, quero iluminar-me e sentir-me satisfeito. Porque sei que mereço, porque sei que atingi a grande roda sagrada do porvir.

Hoje terei a confiança e a segurança que espero. Hoje, gritarei aos quatro cantos minha liberdade, hoje deixarei meus medos.

Sou uma pessoa autoconfiante e, por conseguinte, triunfarei porque tenho segurança mental.

Meditação

Agora, estou visualizando uma cachoeira, suas águas são amarelas como o ouro. Eu estou no centro dessa cachoeira e posso sentir como caem jatos dessa água sobre minha cabeça e meus ombros.

Respiro e sinto uma confiança inabalável, como nunca havia sentido antes. Nesse momento, distingo minhas metas, as que havia me proposto, e ali vejo-me feliz, porque me vejo realizá-las.

Nessas águas amarelas pude distinguir a mudança. Sei que é um valor psicológico e mental, mas eu sei, em meu interior, que já programei o êxito em minha mente. Também sei que se alinharam meus chacras e minha consciência para atingir meus desejos.

Agora vejo abrir-se uma esfera no céu, em forma de uma grande espiral, de uma cor azul-violeta e que me envolve com sua força, a partir de minha cabeça até chegar aos meus pés, tornando-me seguro e majestoso.

Sei que quanto mais tempo passo visualizando essa energia dimensional da atração, mais depressa meus desejos acontecerão.

Parece que estou flutuando, e vejo luzes claras em meu quarto chacra (cardíaco), sinal de que está se formando uma sintonia de pedidos.

10 – A Sabedoria e sua Manifestação

A sabedoria é a habilidade desenvolvida por meio da experiência, da iluminação (eureca) e da profunda reflexão para direcionar a verdade e exercitar o bom juízo.

Não tendo relação com a inteligência, esta não se pode ensinar, já que se desenvolve por meio da experiência e da prática, associa-se à virtude da prudência.

É utilizada para promover o bem comum, como também em prol da própria satisfação pessoal.

Os antigos filósofos gregos relacionavam a sabedoria com a coragem, e a moderação, ou com o conhecimento do bem. E os holísticos sustentam que as pessoas sábias são aquelas que se alienavam com a natureza do Universo.

Por outro lado, na filosofia oriental, Confúcio sustentava que se podia aprender a sabedoria em três métodos distintos: a reflexão (a mais nobre); a imitação (a mais fácil) e a experiência (a mais amarga).

Buda, no entanto, dizia que a virtude da sabedoria consistia em ter uma boa conduta do corpo, como boas condutas verbal e mental. Disso, conclui-se que as pessoas sábias fazem ações que não são prazerosas, porém que dão bons resultados. E não fazem ações, por mais que sejam prazerosas, que produzem maus resultados.

Na filosofia taoísta, diz-se que a sabedoria consiste em saber o que dizer e quando dizê-lo. Filósofos também consideram que a sabedoria é um conjunto coerente de conhecimentos adquiridos em contato com a realidade ou pelo estudo.

Hoje em dia, a sabedoria é afirmada como uma virtude humana pouco comum e uma forma avançada de desenvolvimento cognitivo e emocional, derivada da experiência que não pode ser fomentada artificialmente.

Podemos, então, definir a sabedoria como bom critério para decidir rapidamente, com prudência, sensatez e bom senso. Tendo a verdade, a justiça imparcial e a razão como base de sua atuação e conduta.

Ideias afins sobre sabedoria
- Compreender e poder explicar com discernimento.
- Grande acúmulo de conhecimento sobre.
- Intuição.
- Apreensão do todo referido, penetrando em todos os seus aspectos.
- Conhecimento profundo.
- Discernir para estabelecer as diferenças.
- Erudição (cultura vasta e variada).
- Retidão e integridade no julgamento.
- Equilíbrio e imparcialidade.
- Certeza, estar convencido, certo de.

10.1 – Frases sobre sabedoria

➤ "Se quiseres ser sábio, aprende a interrogar racionalmente bem, a escutar com atenção, a responder serenamente, e a calar quando não tenhas nada para dizer." – Johann Kaspar Lavater (1741 a 1781), filósofo e teólogo suíço.

➤ "O ignorante afirma, o sábio duvida, reflete." – Aristóteles (384 a.C. a 322 a.C.), filósofo grego.

➤ "Não há que confundir nunca o conhecimento com a sabedoria. O primeiro nos serve para ganharmos a vida; a sabedoria nos ajuda a viver." – Sorcha Carey (1943-), professora inglesa de arte clássica.

➤ "Não basta saber, deve-se também aplicar. Não é suficiente querer, deve-se também fazer." – Johann Goethe (1749 a 1832), poeta e dramaturgo alemão.

➤ "O sábio pode sentar-se em um formigueiro, porém só o néscio fica sentado nele." – Provérbio chinês.

➤ "Saber que se sabe o que se sabe e que não se sabe o que não se sabe, é aqui o verdadeiro saber." Confúcio (551 a.C. a 478 a.C.), filósofo chinês.

10 – A Sabedoria e sua Manifestação

➤ "O sábio não se senta para lamentar-se, mas se coloca alegremente em sua tarefa de reparar o dano feito." – William Shakespeare (1564 a 1616), escritor britânico.

➤ "A sabedoria consiste em saber qual é o seguinte passo; a virtude, em levá-lo a cabo." – David Starr Jordan (1851 a 1931), educador norte-americano.

Sabedoria oriental de Siddharta Gautama – Buda

➤ Quando não tiveres nada importante para dizer, guarda o nobre silêncio. Se não puder melhorar o que dizer aos outros, guarda o nobre silêncio.

➤ Todos os estados prejudiciais têm suas raízes na ignorância e convergem na ignorância. Ao abolir a ignorância, todos os demais estados prejudiciais serão também abolidos.

➤ O que se despoja do véu da ocultação não se ofusca onde reina a confusão; dispersa seguro toda a ofuscação, como o sol dissipa a noite.

➤ Atento entre os distraídos, plenamente desperto entre os adormecidos, o sábio avança como um cavalo de corrida e se adianta aos decrépitos.

➤ A verdade é aquela que produz resultados.

➤ Poucos entre os seres humanos são os que cruzam o outro lado da praia (o da sabedoria). A maioria somente sobe e desce pelo mesmo lado.

➤ Um rochedo não é abalado pelo vento; a mente de um sábio não é perturbada pela honra ou pelo abuso.

➤ A sabedoria é o melhor guia, e a fé a melhor companheira. Deve-se, pois, fugir das trevas da ignorância e do sofrimento, deve-se procurar a iluminação.

10.2 – A força da sabedoria – Meditação

PROCEDIMENTOS

- Utilizar incenso de sua preferência e música para relaxamento.
- Fazer o *mudra* conhecido como *Jñana*, muito utilizado no Budismo, que no plano espiritual nos põe em contato direto com a sabedoria e o conhecimento da divindade. Braços apoiados nas pernas, em posição de lótus, unir dedos polegares e indicadores de ambas as mãos.

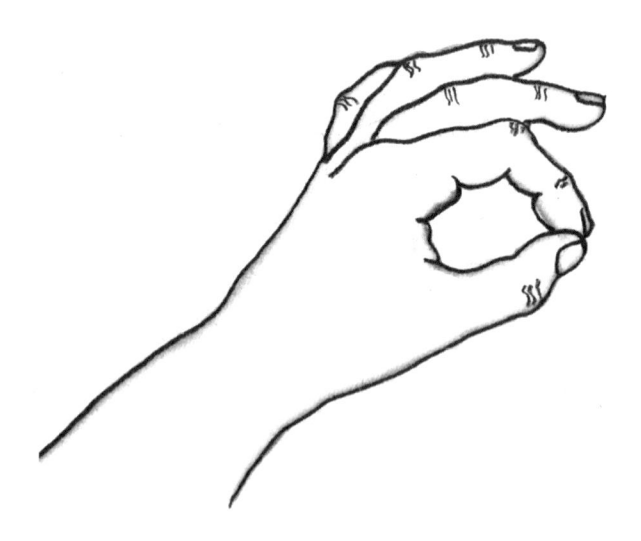

DESENVOLVIMENTO

- Recitar o *mantra* **OM AH RA BA TSA NA DHI**, três vezes, evocando o Buda da Sabedoria. Que comecemos hoje para obter capacidade de decisão e atuar de forma correta, em casos imprevistos, naqueles em que não há o tempo que se desejaria para pensar em uma solução.

O Chamado da Força

Hoje, quero submergir na sabedoria de todas as coisas visíveis e animadas. Quero beber do néctar supremo para que me dê a força necessária para controlar minha razão.

10 – A Sabedoria e sua Manifestação

Quero ser dono de minhas emoções, quero quebrar todo obstáculo para que, por meio de minhas ideias, faça feliz aos demais.

Peço ao Universo dimensional que me outorgue a qualidade e a virtude, para conhecer com critério as palavras dos sábios e levá-las à prática para fazer feliz aos demais.

Quero que meus conselhos incitem sempre o amor, o trabalho e a retidão de pensamento.

Peço, com todas as forças de meu coração, que a natureza me dê o juízo equânime para favorecer a uns e a outros. Quero que, por meio de minhas ações, ninguém fique desamparado e todos vivam em harmonia.

Hoje, quero dissolver a ignorância que corroeu minha alma, não quero ser vulgar nem ignorante. Por isso, preparar-me-ei com mais ânimo, para saber mais e para dar bons exemplos a meus filhos, à minha família, aos meus colegas de trabalho. Quero fazê-los crer que eles são seres tão especiais para o Criador, assim como todos os seres da Terra também são importantes.

Quero hoje suprir a carência dos que choram, quero que minhas palavras se transformem em calmantes para seu sofrimento. Desejo que eles encontrem a vida com meus exemplos e maturidade pessoal.

Rogo o chamado da atração para que me dê o conhecimento para eu poder dividir a justiça entre os bons e os maus.

Sei que ao ativar desde agora, minha vontade fará com que a força da atração influa em mim um sentimento poderoso. Um sentimento que Salomão adquiriu ao pedir poder para discernir com facilidade.

Pediu poder para caminhar entre os lobos e as serpentes, demonstrando-lhes que seus obstáculos ele venceria um a um.

Ele pediu critério e iluminação para os casos difíceis de solucionar. Ele pediu para ser equitativo, dar a cada um o que lhe pertence.

Esse chamado feito por Salomão se unirá ao meu.

Sim, eu o escuto, sei que a porta dimensional está se abrindo diante mim. Vejo sua luz branca brilhante abrir a pesada porta da ignorância.

E, nessa hora divina, ao abrir meus olhos, desejo "ó, força suprema", que me embriague com a luz da sabedoria.

Quero banhar-me nesse grande oceano que representa a sabedoria, quero fundir-me com suas águas e beber de seu sagrado manancial.
Para, assim, obrar com sabedoria todos os dias de minha existência.
Quero dizer a palavra certa, no momento certo.
Hoje, não serei egoísta, quero compartilhar com os outros meu triunfo, quero que eles se encham de satisfação ao saberem que eu sou justo.
Quero ter a coragem para moderar minha palavra e dar a eles o bem-estar que desejam escutar de meus lábios.
Serei moderado e parcimonioso em minhas ações. Saberei quando calar, quando retroceder, quando amar.
Movimentar-me-ei entre ignorantes e néscios, e lhes ensinarei a verdade sobre as coisas, para que eles possam conduzir suas vidas livres, sem obstáculos.
Sim, quero essa força suprema para mim, e juro, ao Universo dimensional, que farei coisas maravilhosas com essa virtude.
Peço, porque meus desejos são uma ordem.
Peço ter essa força agora, quero ajudar a meus semelhantes.
Mas também perdoarei com amor em meu coração.
Perdoarei a meu cônjuge, a meus filhos, por não saberem explicar naqueles momentos suas emoções.
Quero agora restaurar, por meio da sabedoria, minha família.
Não atropelarei ninguém. Ninguém precisa ser atropelado para que me escute.
Quero formar, a partir de agora, um vínculo de equilíbrio e paz para com minha palavra, para expor as coisas com juízo e laborar uma nobre conduta.
Assim seja.

11 – A Prática da Assertividade

Considerações

O que é eficaz, o que é feito com recursos muito escassos, aquela pessoa que tira o máximo da situação. A efetividade na ação também pode ser sinônimo da razão entre objetivos e recursos utilizados para atingir esse propósito.

É conseguido com o desenvolver de um raciocínio preciso e com o aumento da velocidade de seu pensamento, trazendo resultados assertivos e coerentes.

Também faz-se necessário ter uma capacidade mental para utilizar informações. Nesse sentido, é imprescindível aumentar os conhecimentos úteis para seu trabalho, como para os estudos ou lazer, de acordo com seu objetivo.

Ainda, ampliar sua estratégia de pensamento com habilidade para solucionar seus problemas, vendo cada assunto a ser resolvido em diferentes perspectivas.

E, como toque final, exercitar a confiança em sua voz interior e na intuição.

11.1 – Frases sobre assertividade

➤ "Assertividade é olhar para dentro de si e perdoar-se por não ser perfeito." – Vera Martins (1962-), pintora brasileira.
➤ "Há três abordagens possíveis para se conduzir as relações interpessoais. A primeira é pensar apenas em si mesmo e passar por

cima dos outros. A segunda é sempre pôr os outros à frente de si mesmo e a terceira é a ideal – a pessoa se coloca em primeiro lugar, mas leva os outros em consideração." – Joseph Wolpe (1915 a 1997), psiquiatra sul-africano.
➤ "Na vida te tratam tal como tu ensinas a pessoa a tratar-te." – Wayne W. Dyer (1940-), escritor norte-americano.
➤ "Se queres ser respeitado pelos demais, respeita-te a ti mesmo. Só pelo próprio respeito que te tenhas, inspirarás os outros a respeitarem-te." – Fiodor Dostoiévski (1821 a 1881), escritor russo.
➤ "A assertividade está desenhada para defender-se. Quando a colocamos ao serviço de fins nobres, a assertividade não só se converte em um instrumento de salvaguarda pessoal, se não que nos dignifica." – Walter Riso (1951-), psicólogo italiano.
➤ "Detesto as vítimas quando elas respeitam seus verdugos." – Jean-Paul Sartre (1905 a 1980), pensador francês.
➤ "O sofrer merece respeito, o submeter-se é depreciável." – Victor Hugo (1802 a 1885), escritor francês.
➤ "De qualquer lugar donde uma determinada contradição toque a vida e deixe sem ar nosso ser, há que marchar-se." – Friedrich Nietzsche (1844 a 1900), filósofo alemão.

11.2 – Vibrar com assertividade – Meditação

PROCEDIMENTOS
- Utilizar incenso de sua preferência e música de meditação.
- Fazer o *mudra* conhecido como *Kubera:* unir pontas dos dedos polegares, indicadores e médios de ambas as mãos, o restante dos dedos ficam soltos. Esse *mudra* concentra toda a energia do corpo, a mente e o espírito, para atingir um propósito.

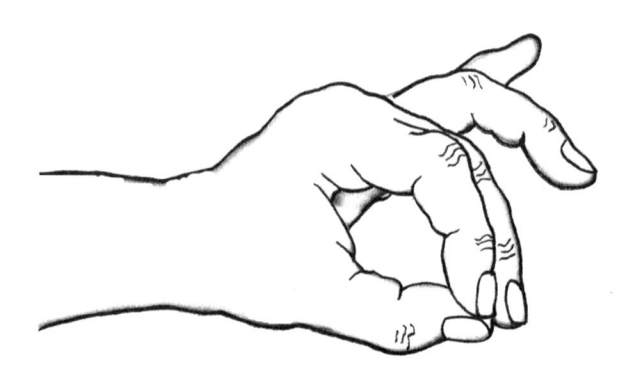

DESENVOLVIMENTO

- Recitar pausadamente, por três vezes, o *mantra*: **GATE GATE PARAGATE PARASAMGATE (LÊ-SE BODRRI SORRA**, literalmente, quer dizer: indo, indo, indo mais além, alcançando a Luz, assim seja). O objetivo é transcender obstáculos e sempre ir mais além na escala da evolução.
- No decurso da meditação, imagine seus projetos de vida.

O Chamado

Hoje quero ser assertivo com as coisas que empreendo, quero decididamente alcançar os 100% de êxito.

Desejo que as portas vibracionais do Universo busquem, para minha súplica, um alívio, e que essas mesmas forças me façam deparar com satisfações e me coloquem no caminho certo para culminar meus logros.

Hoje, pensarei em fazer proezas, as que ninguém poderá fazer tão iguais como eu. Porque me preencherei de um otimismo mágico, que fará de mim uma pessoa eficaz. Acertarei em minhas projeções e, por consequência, serei admirado.

Quero pedir, com todo o fervor, que essa força atomize meus neurônios e me dê uma qualidade de alto grau para a conquista de minhas ambições.

Hoje, não perderei nenhuma oportunidade que se apresente. Terei o olfato para distinguir o bom e o medíocre. O medíocre não necessito, atingirei de primeira, somente com um pensamento certeiro, o bom.

Quero despertar com esse ímpeto avassalador de não falar, nunca. Já falei o suficiente para ter experiências inequívocas em meu passado. Hoje não falarei, serei como o tigre, terei a paciência, a sagacidade e a força para saltar no momento preciso.

Mas também quero ser agradecido com aqueles que, em meu dia a dia, tratam de ajudar-me e me fortalecem com seu carinho. Mas também serei impiedoso com aqueles que tratam de competir comigo. Porque, seguramente, os vencerei. Terei argumentos suficientes para enfrentar-me com eles e vencê-los.

Hoje, não temerei o fogo do fracasso. Porque sei que lograrei minha meta, e a fixarei em minha memória para que as portas dimensionais da atração universal sintam o chamado de minha alma.

Mas necessito estar preparado para alcançar os primeiros lugares. Sei que terei de treinar-me, ao máximo, se quiser a vitória. Mas também sei que, se mora em meu coração o desejo supremo da vitória, é porque vou consegui-la.

- Então, a partir de agora, medito meu desejo fervorosamente.

Vislumbrar um caminho de pedras e com charcos de água. Você terá de correr para atravessar esse caminho, sem complicações. No final, verá uma luz resplandecente, de cor azul-celeste, que o envolverá completamente, proporcionando um enorme entusiasmo.

O desejo de chegar à meta se manifesta e, sem temor, você se entrega nessa aventura de correr. E, nesse longo caminho, terá a sensação de que irá ganhar.

Os obstáculos vão aparecendo cada vez maiores. Você não pode desmaiar. Os charcos de lodo são ainda maiores e as pedras são pontiagudas e ameaçam feri-lo. Há fogo no meio do caminho, você terá de saltar, a brasa se aproxima, a fumaça é potente, mas nada pode detê-lo.

Siga correndo, sempre correndo, não importam as adversidades, hoje é seu dia, hoje você será certeiro, não falharás. Nada pode dar errado. Só poderia existir o erro em você mesmo, por isso, em sua mente, você tem de correr muito mais depressa, suas pernas são mais ágeis e você já está chegando à meta proposta.

Hoje quero triunfar e sei que o conseguirei, e nada poderá impedir. Hoje, demonstrarei meu talento e meu bom juízo. Todos saberão que sou certeiro, que não me rendo a nada.

Hoje as portas vibracionais farão um chamado à minha consciência para que eu mostre meu valor. Sim, hoje não terei medo de ninguém. Todos saberão que possuo essa ressonância que fará de mim uma nova pessoa. Não errarei, serei justo e equilibrarei minhas forças para chegar à meta que me propus.

Mas, para ser certeiro, sei que necessito ser ágil; por isso, dominarei meu corpo e o manterei em harmonia com minha mente.

Hoje o mundo saberá que sou preciso, que sou parte da criação de pessoas vencedoras e de ação. Serei ágil como a pantera e veloz como o vento.

Rogo às forças dimensionais do Universo que escutem meu chamado, porque meu chamado é uma ordem. Quero ter a certeza de não errar no momento preciso. Sei que minha mente trabalhará, de acordo com uma ordem estipulada por meu chamado, pois quero estar certo em minhas apreciações.

Meu ânimo será contagiante e favorecerá muitas pessoas à minha volta. À minha família, aos meus amigos, aos meus colegas de trabalho. Quero que eles também sintam essa sensação de liberdade e de eficácia para consigo mesmos.

Minha voz interior me pedirá que não erre, minha voz interior me dirá que seja rápido e eficaz. Que resolva meus problemas sempre com um sorriso, com um ar de triunfador.

Sim, admirarei a todos com minhas proezas e tirarei partido da situação, por mais difícil que seja. Terei um raciocínio preciso e uma velocidade deslumbrante. Porque sei que sou assertivo, porque vejo os problemas em diferentes perspectivas, propiciando que os solucione. Sempre com raciocínio e rapidez, sempre com ordem e movimentação, sempre com estratégia.

Quero que as circunstâncias coloquem à prova minha assertividade; quero aclamar que sou livre para dizer o que penso. Quero ter a força para dizer não a alguém que não me tenha respeito.

Quero que minha palavra seja certeira, e que infunda compreensão em pessoas atormentadas e equivocadas em seus procedimentos.

Peço à força dimensional do Universo o poder da atração para fazer de mim um ser livre e sem temor de dizer a uma pessoa seus erros. Mas também quero inculcar-lhes a misericórdia, para ensinar-lhes a verdade, uma filosofia de vida diferente sem hipocrisia. Quero conduzir a pessoa a olhar seu erro, serei firme e não me submeterei aos desejos dos outros.

Quero pedir o dom de sair às pressas do lado de pessoas que me agoniam, e, assim, sair como uma pessoa inteligente na hora certa.

Mas desejo levar as pessoas que me rechaçam à consideração de seus atos, com humildade e dureza de caráter. Desejando, também, que as pessoas compartam comigo meus pontos de vista.

GATE GATE PARAGATE PARASAMGATE BODDHI SOHA
(continue recitando o *mantra* até finalizar sua meditação).

12 – Desenvolvimento da Intuição

A intuição é um conceito básico da teoria do conhecimento e aplicado à epistemologia, tais como: verdade, objetividade, realidade ou justificação; que se descreve como aquele conhecimento que é direto e imediato, sem intervenção da dedução ou do raciocínio, sendo habitualmente considerado como evidente.

A intuição nos confere o poder de saber sem a necessidade do processo da razão. É a voz do ser e se manifesta por meio do pressentimento, e a conhecemos via meditação. Ela é desenvolvida quando damos atenção à sua manifestação.

A intuição jamais se equivoca porque é a expressão própria de nosso ser. Diferentemente, a razão é proveniente da mente e não do ser real, baseia-se somente em comparações que provêm de nossos sentidos externos.

A intuição ajuda todo ser humano a captar uma dada situação, fato ou pessoa que poderia ser prejudicial. O medo de que nossa intuição identifique uma determinada realidade faz-nos bloqueá-la, e, como consequência, negá-la, obscurecendo sua exata reflexão.

A intuição é a voz de seu eu superior ou da alma, não provém da mente, senão de uma fonte superior. A intuição é sua própria perspectiva superior. É seu próprio desejo de expressar-se, de maneira criativa, em tudo o que se faz. A intuição é uma infinita capacidade para buscar e encontrar soluções criativas para os problemas da vida. Quando se ignora a intuição, a situação pode não resultar a contento.

Portanto, permita-se usar mais da intuição em sua vida, é um ato poderoso de amor para com seu verdadeiro ser.

12.1 – Frases sobre a intuição

➤ "A intuição é frequentemente superior à razão. Até as mulheres que raciocinam mal adivinham coisas incompreensíveis para os homens que raciocinam bem." – Gustave Le Bon (1841 a 1931), sociólogo francês.

➤ "Com a intuição própria de teu feminino, enriqueces a compreensão do mundo e contribui para a plena verdade das relações humanas." – João Paulo II (1920 a 2005), papa polonês.

➤ "O que se chama intuição feminina agora se estuda do ponto de vista biológico. As mulheres têm mais desenvolvido o olfato e o ouvido, e vêm de uma maneira panorâmica, distinta do homem, que o faz linearmente." – Carmen Posadas (1953-), escritora uruguaia.

➤ "Entendem-se as mulheres como se entende a linguagem dos pássaros, ou por intuição, ou de nenhuma maneira." – Henri Frédéric Amiel (1821 a 1881), escritor suíço.

➤ "É minha intuição a que me indica que caminho musical tomar." – Hermeto Pascoal (1936-), compositor brasileiro.

➤ "A intuição de uma mulher é mais precisa que a certeza de um homem." – Rudyard Kipling (1865 a 1936), escritor britânico.

➤ "Se escutarmos o Criador, dentro de nós mesmos, Nos dirigirá até o caminho correto." – Julia Cameron (1953-), roteirista norte-americana.

➤ "As abelhas, em virtude de certa intuição geométrica, sabem que o hexágono é maior que o quadrado e o triângulo, e que poderia conter mais mel com o mesmo gasto do material." Papus de Alexandria (284 d.C. a 305 d.C.), matemático grego.

➤ "Provamos por meio da lógica, mas descobrimos por meio da intuição." – Henri Poincaré (1854 a 1912), matemático e filósofo francês.

➤ "Para um ser espiritual, a intuição é mais que um palpite. É um guia ou a voz de Deus, e essa intuição interna nunca é menosprezada ou ignorada." – Wayne Dyer (1942-), psicólogo norte-americano.

➤ "A intuição é um conhecimento que transcende a lógica; só aquele que é capaz de transcender as limitações da lógica e a análise é capaz de responder criativamente." – Osho Rajneesh (1931 a 1990), orientador espiritual indiano.

➤ "O intelecto tem pouco a ver com a via do descobrimento. Há uma chispa na consciência, chama-se intuição ou como se queira, que traz a solução sem que se saiba como e por quê." – Albert Einstein (1879 a 1955), físico alemão.
➤ "O sentimento é o espelho de Deus; e a intuição é o telefone de Deus." – Kenny Loggins (1948-), compositor e cantor norte-americano.
➤ "O que é a verdade? Pergunta difícil, mas é resultado no que a mim concerne, do que está dizendo tua voz interior." – Mahatma Gandhi (1869 a 1948), político e líder espiritual hindu.

12.2 – O despertar da intuição – Meditação

PROCEDIMENTOS
- Utilizar incenso de sua preferência e música para meditação.
- Fazer o *mudra* conhecido como *Shunya*: sentar em posição de lótus, com as mãos sobre os joelhos. Dobrar o dedo médio de ambas as mãos, agarrando-o suavemente com o respectivo dedo polegar, enquanto mantém estendidos os dedos restantes. Nos alerta para que prestemos atenção em nossa voz interior, para que escutemos seus sábios conselhos e suas importantes mensagens sobre nós mesmos e sobre nossa vida.

DESENVOLVIMENTO
- Recitar, três vezes, o *mantra* **OM MANI PADME HUM**, a senda das seis perfeições de todos os Budas para o despertar da intuição.

O Chamado

Desejo que o campo vibracional da atração do Universo confira-me o dom da intuição.

Quero intensamente que esse dom, que está arraigado em mim, abra-me o caminho à verdade para poder viver com satisfação.

Quero, no mais profundo de meu ser, conhecer o que há mais além, quero conhecer a verdade.

Quero que minha razão busque os frutos para poder progredir na vida.

Quero ser assertivo, quero ter o convencimento do que farei.

Meus cinco sentidos estarão alertas, sempre estarão promovendo algo mais.

Na encruzilhada da mente quero que aflore, em meus pensamentos, uma nova ideia, a qual me fará triunfar.

Peço à lei da atração que me dê a ressonância para observar, com outro ponto de vista, cada situação.

Quero sentir em meu espírito que vencerei. E, se tudo sair errado, quero sabê-lo muito tempo antes, para sair da situação de forma consciente.

Sinto que a luz está entrando em mim pelo quarto chacra (cardíaco), e me inunda de paz e amor.

Quero ter a certeza de que venci.

Quero que sejam gerados sinais instantâneos, repentinos, em forma de mensagens súbitas vindas do interior de minha alma.

Quero que essa cadeia de pressentimentos fique arraigada em minha pessoa.

Sei que essa luz de cor verde-clara inunda meu campo áurico. Essa luz verde suave irá propiciar, aos meus neurônios, uma nova visão. Capaz de enraizar-se com meus *nadis* e fazer com que meu pensamento evolua para brotar dotes especiais que me farão conhecer meu futuro.

Agora, estou convencido de que posso consegui-lo.

Peço à lei da atração que mova essas engrenagens mentais que estão adormecidas em mim. E, que me faça conhecer, a cada dia, novas e deslumbrantes respostas que estavam apagadas em mim.

Essa força mental me ajudará a conhecer as pessoas, tanto em meu trabalho como no amor.

Quero projetar-me para saber se tal propósito que estou pensando terá êxito com o tempo.

Quero saber se tal pessoa é boa, pois olharei em seus olhos e, no mesmo instante, descobrirei a verdade. Pois os olhos são a porta da alma e esta será meu sinalizador.

Quero possuir o dom de avaliar cada situação do problema que me aflige com um pensamento culminante, justo e honesto.

Quero prevenir o futuro das coisas incertas, quero chegar até o topo da verdade, e poderei alcançar isto evoluindo minha intuição.

Cada dia aprenderei uma coisa nova. Cada dia aprenderei a desconfiar; o que antes me parecia a verdade, hoje me parece insignificante.

Quero distinguir o bem do mal, o bom e o mau das situações. Não quero ser a pessoa de antes, quero enxergar antecipadamente a verdade para evitar o negativo.

Peço, ao Universo dimensional, por ordem da lei da atração que seja escrito e carimbado que hoje possuirei esse poder da intuição e que estará muito mais aguçado.

Quero descobrir as mentiras das pessoas e se estão sendo corretas, quero desvelar as máscaras das pessoas, dos fatos, das situações.

Serei dono de mim mesmo e, antes de fazer qualquer empreendimento, fecharei meus olhos, adentrarei ao mais profundo de meu ser, e qualquer coisa que me faça duvidar, retirarei rapidamente de minha vida esse projeto.

O gênero humano é propenso a ter máscaras e a mudá-las à vontade. Estarei atento a essas dicas, não importando se são meus familiares, pois hoje saberei seus maiores segredos.

Meditação

Sinto que a lei da atração está ampliando o entendimento sobre minha situação atual. Nesses momentos, presto atenção ao *mudra* e recito o *mantra* OM MANI PADME HUM.

Meus pensamentos voam e vejo rostos daqueles que alguma vez me ofenderam e fizeram fofocas de mim. Nesses tempos, eu andava com ingenuidade pela vida.

Quanta vitória haveria conseguido, se minha intuição estivesse equilibrada, como agora. Quanto erro teria evitado ao longo de minha existência.

Mas saberei obrar com sabedoria, e colocarei em prática a intuição. Por não saber elegê-la a tempo, quantas coisas boas escaparam-se de minhas mãos.

Então, peço e faço o chamado para restaurar minha vida.

Peço que desperte em mim o dom da intuição, não quero deixá-la adormecida.

Quero-a em movimento e, com um movimento tão forte, que mude os acontecimentos de minha vida.

Hoje, tenho uma longa lista do que eu devia e não devia ter feito.

E se alguma vez esse milagroso dom entrou em meu ser, e fez o que deveria fazer, parabéns, pois mudou o rumo dos acontecimentos.

13 – Ao Encontro do Discernimento

Discernir traz o significado de entendimento e critério, para perceber, distinguir ou diferenciar tal ou qual situação.

É indispensável para o bom caminhar na vida, desde as mais simples atividades. Serve para estabelecer claras diferenças no que se deve fazer em são juízo e de livre vontade.

O discernimento funciona com base nas coisas que objetivamente podem ser visualizadas ou percebidas pelos sentidos do ser humano, como visão, olfato, palavra, audição e tato. Entretanto, além dessa experiência racional e medível, o ser humano é incapaz de perceber, por si mesmo, outras realidades e conotações que transitam em sua vida.

O discernimento se define também como a capacidade do indivíduo em adquirir uma gama de habilidades a fim de reconhecer, registrar e eleger um objetivo baseado em sua própria aptidão de racionalizar.

A faculdade do discernimento é fundamental, dado que sem ela incorremos no risco de fazer mais mal do que bem, de desperdiçar inutilmente nossas energias e de cometer erros mais ou menos graves.

Assim, existe um só meio para facilitar seu progresso: desenvolver a mente e utilizar sua faculdade de justa seleção. Se a mente não está desenvolvida, a pessoa não pode ter discernimento, dado que essa qualidade é essencialmente mental e racional e vai se formando, cada vez mais, pelo uso correto do pensamento.

Poderíamos dizer que o discernimento se aperfeiçoa com seu próprio uso, pois este identifica-se com a própria qualidade de pensar. O poder de escolher, de fazer distinções, de selecionar, nasce na mente humana justamente com o poder de raciocinar. O discernimento cresce e se eleva ao mesmo tempo em que a capacidade mental se desenvolve.

13.1 – Frases sobre o discernimento

➤ "Compreender as coisas que nos rodeiam é a melhor preparação para compreender o que há mais além." – Hipátia de Alexandria (C. 355 d.C. a 415 d.C.), matemática e filósofa.

➤ "Adquira conhecimento, pois ele habilita ao seu possuidor discernir o certo do errado." – Maomé (571 d.C. a 632 d.C.), líder religioso árabe – textos islâmicos.

➤ "A grande responsabilidade do ser humano consiste em saber discernir. O mundo espera que cada um de nós assuma essa importante tarefa do justo equilíbrio." – Rabi Yaacov ben Shimon – texto judaico.

➤ "O discernimento consiste em saber até onde se pode ir." – Jean Cocteau (1889 a 1963), dramaturgo francês.

➤ "Não importa muito que a memória seja fraca, desde que o discernimento não falte quando a ocasião se apresentar." – Goethe (1749 a 1832), poeta alemão.

➤ "Depois do espírito de discernimento, o que há de mais raro no mundo são os diamantes e as pérolas." – Jean de La Bruyère (1645 a 1696), moralista francês.

➤ "Os que possuem o espírito de discernimento sabem quanta diferença pode mediar entre as palavras parecidas, segundo os lugares e as circunstâncias que as acompanham." – Blaise Pascal (1623 a 1662), matemático e filósofo francês.

13.2 – Atração do discernimento – Meditação

PROCEDIMENTOS

- Utilizar incenso de sua preferência e música para meditar.
- Fazer o *mudra* conhecido como *Hakini*: juntar as pontas dos dedos de uma mão na outra, com os dedos separados e estirados. Serve para concentrar nossa energia e o poder que existe em nosso sexto chacra (da testa), clarificando ideias e sentimentos.

DESENVOLVIMENTO

- Recitar, três vezes, o *mantra* **KODOISH, KODOISH, KODOISH ADONAI TSEBAYOTH**, entrando em sua vibração. Esta une todos os biorritmos do corpo (físico) com os ritmos espirituais do corpo do eu superior, de modo que todos os sistemas circulatórios operem com um batimento de coração cósmico.
- Esse *mantra* deve ser feito para discernir entre as forças celestiais, espirituais e as negativas. A saudação ativa um padrão de ressonância com o trono do Pai que as forças negativas não conseguem suportar quando cumprimentadas com essa saudação. Esse mantra sagrado ativa redes especiais de sintonização e ressonância com a irmandade da luz, e permite que a energia se junte para trabalho e culto mútuo.

O Chamado

Quero que, nesses momentos de dúvida, ao não saber o que fazer, nem enfocar meu problema que tanto me agonia, seja dado a mim o dom do juízo e do entendimento, para poder conduzir-me na vida e triunfar.

Quero ter o poder de discernir, de saber escolher o que é bom para mim nesses momentos trilhados em que me encontro.

Peço à lei da atração e à divina força que me dê o critério oportuno e certeiro para poder distinguir o mal do bem.

Quero enraizar-me nessa sublime luz que me dará o dom de diferenciar, registrar e eleger o melhor que necessito nesses momentos de aflição.

Que minha mente abrace alguma faísca de esperança e amor, necessários nesse momento, para poder diferenciar meus objetivos e não cair no erro fatal de eleger alguma coisa que me prejudique.

Sei que a grande força do Universo captará meu chamado, onde me encontre, e me colocará em sinal de alerta para tomar uma decisão satisfatória.

Estou sentindo esse poder que embriaga meu espírito com razões aceitáveis e que me impulsiona a acreditar em algo que não vejo. Essa misteriosa face de distinguir as diferenças.

Quero, nesses momentos solenes, que meu coração se encha de entendimento, para compreender o erro cometido. Se não o cometi ainda, quero que minha decisão se regenere com um entendimento perfeito.

Hoje, sei como conduzir-me com critério, porque conectei as forças dimensionais a meu favor e sei que meu pedido se converterá em uma ordem.

Hoje, distinguirei os laços invisíveis que me unem ao negativo.

Hoje, irei me livrar dos males passados e futuros.

Por não tê-los resolvido antes, estou com temor de padecer.

Por isso, peço com todo ardor em meu coração que se acenda uma chispa em minha razão, para poder ter um juízo aceitável para encarar meu problema.

Discernimento é o que peço e é o que me será dado. Tenho fé, porque já fiz o chamado para minha liberdade.

Hoje, conhecerei minha percepção para tomar decisões importantes.

Sei que minha vida está em jogo e não quero perder essa oportunidade de ser feliz, de conhecer, de tomar decisões acertadas.

Sim, estou percebendo por esse maravilhoso mantra como todo o meu ser se acende como o fogo de uma fogueira.

Sinto como meus neurônios trabalham com a atração do pensamento do Cosmos.

Reflexão

Percebo como as portas estão se abrindo.

Que grande e poderosa força a de poder discernir.

Agora, vejo quantos erros cometi em minha vida por não saber diferenciar a tempo, e quantas coisas boas deixei de lado por minha intolerância.

Quero que esses momentos de reconhecimento de mim mesma sejam de muita utilidade.

Estou tomando decisões importantes como nunca fiz antes.

Sei que o poder da atração está comigo, sinto sua luz.

Agora, dou-me conta de muitas coisas, minha mente se aclara e percebo as decisões às pressas e sem reflexão que tomei.

Sim, eu sei, são erros que se apagam, mas já sofri o suficiente.

Agora vou ser feliz.

Em meu lar, com meus filhos, com minha família, com meus amigos, em meu trabalho diário, com meus vizinhos e com Deus.

Sim, hoje respirarei de novo o ar do campo e visualizarei todo o seu verdor, rirei e entrará em mim o amor, que tanto busca minha alma.

Sepultarei, hoje mesmo, meu mau critério para enfocar as situações, sempre com pessimismo. O egoísmo será desterrado para sempre.

Hoje, terei a livre vontade para eleger, para expor meus critérios com frescor.

Ninguém oprimirá meu coração, hoje serei livre para discernir sem prejuízos.

Mas peço à Luz que, por meu entendimento descomunal, não machuque nem ofenda ninguém.

Não quero derramar lágrimas de outras pessoas ao conhecer com critério a verdade.

Tão pouco quero fazer-me dano ao lembrar as coisas que não devia ter feito por falta de discernimento.

Não começarei do zero e prometo que não acumularei erros.

Doa a quem doer direi a verdade, porque sei que ao dizer a verdade e pensar com juízo, critério, farei um favor àquele que me ofende. Assim, divisarei desde agora o mal do bem.

Se no passado fiz algo de mal, sei que a Providência me perdoará. Hoje, quero deter meus carmas, e não olhar mais como antigamente, porque descobri um novo poder em mim, e esse poder se chama o discernimento.

14 – Equilíbrio dos Hemisférios Direito e Esquerdo

A glândula pineal, localizada no centro do cérebro entre as sobrancelhas, é a ponte entre os dois hemisférios cerebrais. Ao ser ativada, impacta os pensamentos de tal maneira que estes se projetam, dando origem a um universo interno, que se plasma no Universo externo, concretizando seus sonhos.

Ao estimular a glândula, faz-se uma conexão com o amor, o qual preenche o centro cardíaco e nos conecta com nossa origem e com o que nos rodeia. Em nível orgânico, é responsável pela produção de melatonina, também conhecida como o hormônio da eterna juventude.

Aqueles que têm mais desenvolvido o lado direito do cérebro podem fazer coisas simultaneamente, trazendo vantagens para a solução dos problemas.

Por outro lado, o hemisfério esquerdo é especializado na linguagem articulada, nos conceitos lógicos e processos matemáticos. Também no pensamento analítico, e tira conclusões baseadas na razão e nos fatos.

O hemisfério direito é mais integrador de síntese, de orientação espacial, memória visual, e desenvolve o poder da criatividade.

BENEFÍCIOS
- Ajuda a alcançar o potencial máximo por meio da recuperação das capacidades inerentes do indivíduo.
- Fortalece o sistema imunológico.
- Promove a regeneração celular.

- Melhora a conexão dos hemisférios cerebrais.
- Aumenta as percepções e o desenvolvimento da sinestesia (mescla de vários sentidos, por exemplo, ouvir sons, ver cores).
- Ajuda a alcançar níveis de paz crescentes.

Uma forma de desenvolver os hemisférios esquerdo e direito de nosso cérebro é mediante a meditação e o poder mental, imaginando que o hemisfério desejado a ampliar está muito iluminado.

Relaxe-se nesse momento, feche os olhos e imagine que seu hemisfério direito se enche de luz. E, logo, essa luz girando vai até o hemisfério esquerdo e, em seguida, até os lóbulos frontais (pois estes estão relacionados com a conduta e a motivação das pessoas).

Pode ser praticado um hemisfério por semana, todos os dias, por uns dez minutos.

14.1 – Frases sobre a capacidade cerebral

- "O cérebro não é um vaso por encher, senão uma lâmpada por acender." – Plutarco (46 d.C. a 126 d.C.), pensador grego.
- "Os olhos não servem de nada a um cérebro cego." – Provérbio árabe.
- "A memória é a sentinela do cérebro." – William Shakespeare (1564 a 1616), dramaturgo inglês.
- "Não há necessidade de templos, não há necessidade de filosofias complicadas. Nosso próprio cérebro, nosso próprio coração é nosso templo. Minha filosofia é a bondade." – Dalai Lama (1935-), monge budista tibetano.
- "Quando crê tudo perdido, não se esqueça de que ainda fica a você o futuro, seu cérebro, sua vontade e duas mãos para mudar seu destino." – Wernher von Braun (1912 a 1977), engenheiro aeroespacial alemão.
- "Se nossa mente se vê dominada pelo nojo, desperdiçaremos a melhor parte do cérebro humano, a sabedoria, a capacidade de discernir e decidir o que está bem ou mal." – Dalai Lama (1935-), mestre espiritual da Índia.

14.2 – Equilíbrio dos hemisférios – Meditação

PROCEDIMENTOS

- Utilizar incenso de sua preferência e música com o *mantra* **OM**, se assim desejar.
- Fazer o *mudra* conhecido como *Atmanjali*: unir as mãos em forma de oração e elevá-las acima da cabeça com os braços levantados. Harmoniza os hemisférios direito e esquerdo para que trabalhem de forma coordenada.

DESENVOLVIMENTO

- Recitar, três vezes, o *mantra* **OM** penetrando nesse som universal. É o som que emana do Universo, a vibração primordial, a raiz de todos os sons da natureza. O som é formado pelo ditongo das vogais *a* e *u*, e a nasalização, representada pela letra *m*. Às vezes, aparece grafado *Aum*.

O Chamado

Peço ao Universo dimensional que me conceda o dom de modular, satisfatoriamente, meus hemisférios esquerdo e direito.

Quero que os lados esquerdo e direito de meu cérebro ativem-se de maneira total em mim, e ajudem-me a supervalorizar minha forma de me expressar verbalmente, de descrever e de definir minhas palavras e minhas ideias.

Quero conceber passo a passo, componente por componente, as coisas que digo e faço.

Quero saber definir por símbolos a representação das coisas que vão se formando em meu cérebro.

Para isso, terei de me aplicar e valorizar os símbolos de uma forma totalmente nova.

Quero que qualquer coisa abstrata que minha mente produza eu a valorize, e a adornarei com detalhes, quero ser criativo.

Quero que os hemisférios direito e esquerdo estejam prontos para outorgar-me o dom de visualizar figuras na natureza, nas nuvens mesmo onde elas não existam. E, caso não as visualize, buscarei extenuadamente até encontrá-las.

Quero, desde agora, transcrever minhas ideias para um diário, não importa se estão relacionadas ao amor, ao sexo ou ao trabalho.

Quero percebê-las, comentá-las, lê-las, isso me dará satisfação ao saber que pude fazê-lo.

Assim, meus neurônios dos lados esquerdo e direito do cérebro estarão se alimentando de uma energia criativa, minha escrita e minhas ideias me trarão uma satisfação pessoal.

Escreverei cartões de amor e de amizade e explicitarei na escrita minhas ideias e meus desejos, para com aquelas pessoas que estimo e quero.

Serei metódico ao analisar, por meio da razão, tudo ao seu tempo, uma coisa encoraja a outra, e assim sucessivamente, nada acontecerá depressa, tudo será ordenado.

Assim acostumarei meus hemisférios esquerdo e direito a fazerem.

Isso me ajudará no trabalho, em meus estudos, em minha casa. Não descuidarei dos mínimos detalhes.

A partir de agora, analisarei as ideias dos outros, porque o raciocínio lógico será uma arma que utilizarei no dia a dia.

Estudarei os fatos de cada dia detidamente. Analisarei o tempo que perdi fazendo tal ou qual atividade. Os alimentos que ingeri, se são bons ou nocivos para minha saúde.

Desde agora, acostumarei minha mente a raciocinar sobre minha atividade, em meu círculo de conhecidos, em meu trabalho, na sociedade.

Antes de comprar alguma coisa avaliarei primeiro, perguntar-me-ei se o que adquiro me dará conforto, felicidade ou é somente por vaidade.

Usarei a lógica para avaliar meus problemas, porque saberei que uma coisa leva à outra. Assim, as dúvidas sobre algo que não conheço ficarão mais em aberto para serem analisadas.

Quero ativar minha glândula pineal, para assim favorecer-me com a regeneração celular, com a regularização do sono, a diminuição do estresse e a cura de doenças como o câncer, cardiopatias, AIDS, Alzheimer.

Ao ativá-la, concretizarei meus sonhos. Isto me ajudará a alcançar momentos de paz e bem-estar crescentes.

Sei que a glândula pineal pode ser ativada fazendo uma ponte entre os dois hemisférios cerebrais.

Quero, ao ativá-la, que haja uma conexão de amor que preencha meu centro cardíaco, conectando-me com minha origem e com quem me rodeia.

Quero que a lei da atração energize esse meu precioso órgão, para fazer com que meus neurônios se diversifiquem adequadamente.

Que ative meus centros nervosos, aumente a capacidade da memória e limpe sinapses equivocadas de medo e inferioridade.

- Visualizo a luz azul resplandecente energizando molécula por molécula de meus dois hemisférios (esquerdo e direito), trazendo calma para ver e perceber integralmente meus sentimentos.

15 – Ao Encontro da Paz Interior

É um caminho que visa ao desprendimento das preocupações e da liberação dos pensamentos que nos faz danos.

Essa liberação requer o despojamento de condicionamentos, de falsas crenças. Representa soltar algum peso para andar com maior leveza, desenvolvendo-se com liberdade.

Porque a paz interior é o que todos desejamos no transcurso de nossas vidas. E confere à pessoa um estado supremo de harmonia e equilíbrio e uma plenitude prazerosa.

Escutando a voz interior, acercamo-nos ao êxtase espiritual para conhecer Deus e dar sentido à vida e à morte, e ao sofrimento, até alcançar a felicidade mental.

Se sua vida está em harmonia com seu trabalho, e se você é obediente às leis que governam o Universo, então sua vida será plena e ditosa, mas não sobrecarregada. Pois, se estiver sobrecarregada, você está fazendo mais do que é correto que faça, mais do que lhe cabe fazer no quadro total dos acontecimentos.

A paz interior propicia uma energia inesgotável, que nunca se acabará. É como encontrar-se conectada à fonte de energia universal.

O importante para sua aquisição é ter o controle de sua vida e não deixar que o ego queira apoderar-se desse controle, tentando comandar sua mente e suas emoções com desejos de acomodação e preguiça.

Se fôssemos pessoas maduras e harmoniosas, a guerra não seria nenhum problema, e mais, seria impossível de ocorrer. Portanto não cause desarmonia em sua vida. Olhe a vida de frente, sem medo, e você descobrirá suas verdades e as facetas dos problemas.

Simplifique sua vida, seus pensamentos para conseguir o bem-estar interior e bem-estar exterior, e que estes estejam em constante equilíbrio e harmonia.

15.1 – Frases sobre a paz interior

- "A paz vem de dentro de você mesmo. Não a procure à sua volta." – Buda (século VI a.C.), criador do Budismo.
- "Somos o que pensamos. Tudo o que somos surge com nossos pensamentos. Com nossos pensamentos, fazemos o mundo." – Buda.
- "Felizes são aqueles cujo conhecimento é livre de ilusões e superstições." – Buda.

15.2 – Atração da paz interior – Meditação

PROCEDIMENTOS

- Utilizar incenso de sua preferência e música que remeta à tranquilidade.
- Fazer o *mudra* conhecido como *Ushas*: cruzar os dedos de uma mão na outra; dedo polegar esquerdo sobre o direito para as mulheres, e dedo polegar direito sobre o esquerdo para os homens. Aporta uma grande paz com a finalidade de revitalizar a energia do corpo e trazer força para a concretização de nosso desejo. Equilibra o sistema energético para enfrentar o dia com êxito e maior facilidade.

DESENVOLVIMENTO

- Recitar, três vezes, o *mantra* **OM SHANTI OM**, evocando a paz interior para que esta também se reflita no exterior.

O Chamado

Hoje tenho a certeza de que minha força interior aumentará de forma considerável. Todo o campo vibracional de meu chamado fará com que minhas células cerebrais busquem a paz com minha consciência. Quero ver a luz da esperança em cada ideia que realizarei.

Espero que a grande força dimensional domine os circuitos que conduzem à minha alma e me cerquem dessa liberdade plena e segura, da voz interior que regulará minha vida. Desejo que todas as forças dimensionais outorguem-me essa paz interior que tanto tenho buscado.

Que tamanho prazer é o acercamento dessa luz da renovação, porque quero mudar meus erros. Quero buscar caminhos cheios de liberdade. Sei que o silêncio que hoje encontrará minha alma me devolverá energias de purificação.

Sei que esse momento está chegando, já que estou conectado à força sutil da atração. E me encontro dominado por uma tranquilidade, uma paz interior avassaladora que me faz sentir meus chacras e meus *nadis*. Sinto o circuito de meu sangue por meu cérebro, circulando com um compasso diferente, vislumbrando o triunfo.

Com a paz interior, a resolução de minhas ideias será diferente e meus problemas serão resolutos. Estou em fase de equilíbrio mais puro. Mantenho esse equilíbrio sempre. Assim eu quero permanecer: unificado com meus pensamentos tranquilos. Como o mar no amanhecer, assim ficarei.

Peço à força dimensional do Universo que me conceda a paz interior, para poder liberar-me das correntes que me sujeitam. Quero expressar meu sentimento divino ao Deus Universal, e meu agradecimento por afastar meus temores.

Quero chegar a sentir o êxtase místico de meu próprio ser. Quero, também, encontrar no silêncio a libertação de meus problemas, desse peso imenso que me flagela diariamente.

Não quero sobrecarregar-me de trabalho desnecessário, tampouco sair de sintonia. Hoje farei um trabalho diferente, estarei mais propício para assumir com constância meu equilíbrio, o qual me levará às portas da paciência e da plenitude.

Quero vencer o mal com a pureza e o amor. Quero demonstrar a mim mesmo que somente com amor e ternura poder-se-ão dissolver todos os males que nos cercam dia a dia. Sim, hoje estou em condições de fazer frente à vida, de demonstrar ao mundo que sou capaz de assumir minha liberdade.

Porque, decerto, eu sou o instrumento para vencer e somente lograrei com a paz interior, com a paz em meu espírito e em minha alma. Agora estarei em equilíbrio íntimo com minha consciência.

Meditação

Percebo que estou flutuando no céu. Sinto como meu corpo coloca-se na linha horizontal e me sinto flutuar. Agora, acomodo meu corpo sentado em posição de meditação.

Vejo o sol resplandecer nessa linha imaginária no horizonte. Até que tudo fica em silêncio, somente as nuvens, com uma leve brisa do ar, envolvem o ambiente.

Uma paz e um silêncio abordam toda a paisagem. Uma quietude embriagadora preenche-me de êxtase.

Observo que de meu sexto chacra (da testa) sai uma luz azul índigo. Essa luz envolve meus neurônios e sinto como transcorrem meus nadis.

Sei que posso sentir uma paz infinita e, por vezes, um frescor incomparável. Não tenho temor, porque sei que a luz azul índigo detém o temor e o submerge ao nada.

Estou sentindo-me tão equilibrado comigo mesmo, com o Cosmos, que posso sentir o mais leve golpe de uma folha com outra de cada árvore. Essa luz azul índigo vai limpando meu espírito do medo de errar, do medo de perder.

Sinto a plenitude, posso respirar liberdade.

16 – Transpor Obstáculos

Os obstáculos são:

- dificuldades que vamos ter de enfrentar no futuro;
- o que impede ou dificulta a realização total ou parcial de algo ou uma ação desejada;
- é algo natural que constantemente aparecerá em nossa vida e que, dependendo de nossa atitude, poderemos ou não vencer.

Os obstáculos e o êxito

Para se ter uma vida mais feliz e menos complicada, é preciso aprender a vencer as contrariedades, as adversidades que ao longo da existência vão se apresentando. Se aprendermos a superar ou a manejar as dificuldades que se apresentam, poderemos avançar com mais facilidade ao longo de nosso caminho e desfrutar de uma vida mais exitosa.

A maioria dos triunfadores encontrou numerosos obstáculos antes de vencer, conseguiram ganhar e triunfar porque não se desanimaram por suas derrotas, por seus fracassos, nem pelas dificuldades que encontraram para conseguir o êxito. Conseguiram, porque venceram os obstáculos e perseveraram diante eles.

Como vencer os obstáculos?
- Necessitamos de muita força e tenacidade para conseguir.
- Viver sua presença com normalidade, como algo que continuamente se apresentará ao longo de nossa vida de diversas maneiras.
- Afrontar com tranquilidade e firmeza, olhando de frente a questão e sabendo que, uma vez superado, sairemos fortalecidos de qualquer situação. Pois todos são capazes de se sobrepor aos erros e aos maus resultados.

- O que vai determinar a diferença é nossa forma de reagir e a atitude que assumimos diante do que nos ocorre.
- Não podemos permitir que impeçam nosso progresso.

O que devemos fazer perante os obstáculos?
- Não falar constantemente dos problemas, com essa atitude não se dá mais importância ao fato e não se reforça nossa preocupação. Falar e não atuar só serve de desculpa para o enfrentamento da verdade, além de alimentar a ideia de que a solução não depende de nós, por temor de voltar a fracassar ou cometer um erro se entrar na ação.
- Não se resignar e assumir os obstáculos como algo que nos impede de alcançar a meta e o objetivo desejado. Não importa quantas vezes tenhamos tentado, quem persevera consegue.
- Não paralisarmos ante os obstáculos. Ter uma atitude ativa e resolutiva buscando sempre soluções e estando disposto a eliminá-los, efetuando trocas, empreendendo ações, tomando decisões, renunciando a algo, sabendo o que queremos.
- Não culpando os demais por nossos fracassos, dessa forma não encontraremos meios para resolvê-los. Temos de começar por assumir a responsabilidade de nossos atos.
- Não se enfadar excessivamente, porque o problema se tornará ainda maior. Temos de assumir que os problemas formam parte de nossa vida e que continuamente nos encontraremos com eles, enfadar-se não é a solução, e sim afrontá-los.

16.1 – Frases sobre como enfrentar a vida

➤ "Um homem que decide fazer algo sem pensar em outra coisa supera todos os obstáculos." – Giovanni Giacomo Casanova (1725 a 1798), escritor italiano.
➤ "Os obstáculos são essas coisas espantosas que vês quando afastas os olhos de tua meta." – Henry Ford (1863 a 1947), presidente norte-americano.
➤ "Vencer sem perigo é ganhar sem glória." – Lucio Anneo Sêneca (4 a.C. a 65 a.C.), escritor e advogado romano.
➤ "O êxito consiste em vencer o temor ao fracasso." – Charles Augustin Sainte-Beuve (1804 a 1869), crítico literário francês.
➤ "O homem descobre a si mesmo quando enfrenta os problemas." – Antoine de Saint-Exupéry (1900 a 1944), pensador francês.

➤ "A arte de vencer se aprende nas derrotas." – Simón Bolívar (1783 a 1830), militar e líder político venezuelano.

➤ "A verdadeira amizade é planta de lento crescimento, que deve sofrer e vencer os embates do infortúnio antes que seus frutos cheguem à completa maturidade." – George Washington (1732 a 1799), presidente dos Estados Unidos.

➤ "Resulta mais difícil conseguir uma vitória sobre as paixões do que vencer inimigos ordinários." – Yoritomo Tashi (1101 a 1200), filósofo japonês.

➤ "Se na vida encontras centenas de obstáculos em teu caminho, não te aflijas. Pensa que são barreiras que Deus te mandou para demonstrar-te que tu podes superá-las e, assim, alcançar teus sonhos. Nunca te dês por vencido." – Lady Diana (1961 a 1997), princesa inglesa.

16.2 – Meditação para remover obstáculos

PROCEDIMENTOS

- Utilizar incenso de sua preferência e música relaxante.
- Fazer o *mudra* conhecido como *Abhaya*: mão direita na frente do corpo com a palma voltada para fora, dedos separados e

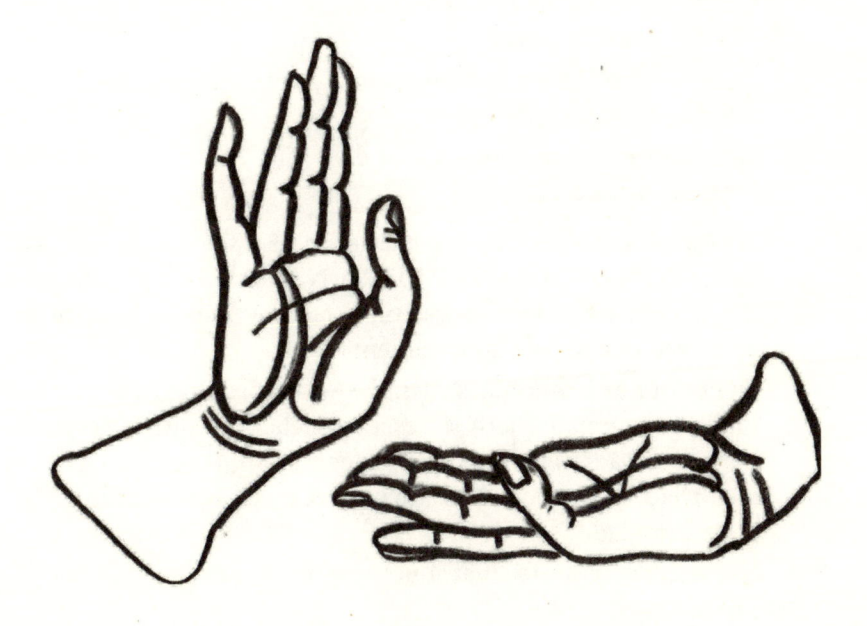

sem forçar a mão, dobrar ligeiramente os dedos, como se descansassem de forma natural. A mão esquerda descansa sobre o coração. Ajuda a superar qualquer obstáculo que se apresente. O medo é substituído por uma esperança no triunfo final, trazendo confiança para abordar problemas que enfrentamos.

DESENVOLVIMENTO

- Recitar, três vezes, o *mantra* **OM GAM GANAPATAYE NAMAHA**, conhecido pelos hinduístas para a remoção dos obstáculos.

O Chamado

Na verdade, quero triunfar na vida.

Ser feliz com minha família e comigo mesmo.

Quero alcançar a plenitude e poder remover os obstáculos que me atam a lembranças passadas de minha existência.

Por isso peço ao Universo dimensional o poder da atração vibracional, que me conceda a força necessária para destruir os obstáculos que aparecem como rochas gigantes em meu caminho.

Quero meu caminho limpo de toda a energia impura.

Quero poder respirar de novo e realçar a vida.

Quero vislumbrar a luz que esteve tanto tempo fora de mim.

Quero sim e eu sei que o lograrei com toda a força de minha alma, vencerei e serei feliz.

Desejo que o Universo dimensional escute meu pedido, porque este é uma ordem.

Desejo plenamente a renovação de minha existência, seja amorosa, de saúde ou econômica.

- Mas desejo profundamente e atomizarei essa energia com este *mantra* **OM GAM GANAPATAYE NAMAHA** e o *mudra*, para que a força vibracional possa me escutar e desfazer esse intrincado laço que me ata ao sofrimento.

Quero que as lembranças passadas sejam destruídas. O passado foi passado e não quero ser escravo dele. Não quero despertar ilusões passadas errôneas que me causaram danos, que tiraram meu chão, que angustiaram meu coração até perder minha própria identidade.

Não, não, não, nunca mais quero sofrer.

Estou sentindo a lei vibracional do Universo remover essa enorme rocha de meu caminho.

Sim, estou vendo quebrar-se diante de mim.

E me sinto mais aliviada com menos peso.

Aproveito esse pedido para remover obstáculos de meus familiares também, para que eles possam seguir seus caminhos sem problemas.

Não desejo ser egoísta, quero que esse chamado se estenda também para meus entes queridos, para que os ajude a entenderem suas paixões. E para que me perdoem se alguma vez os prejudiquei.

Para receber, tenho também de perdoar. Esse é um segredo que tenho de aprender.

Estou sentindo essa luz que entra em meu espírito e que ferve meu sangue com uma força maravilhosa.

Sei que desprenderei hoje muitos obstáculos e muitos mitos cairão, e desvendarei meus olhos para ver a realidade.

Primeiro, vencerei a mim mesmo. Logo, todos os demais.

Aprenderei a controlar-me a partir desse momento.

Serei dono de minhas emoções e serei convincente.

Agora me dou conta do quanto estive cego ao não contemplar minha vida da melhor maneira possível.

A verdade é que gastei mal o tempo de vida em outras coisas sem importância.

Compreendo que serei forte ao aceitar outra mudança, mas dessa vez serei como o aço, impenetrável.

Mas com a ajuda da luz divina tudo se realiza. E eu mergulho no mais sagrado, porque sei que posso confiar em Deus.

Sua luz abre os abismos mais profundos e ilumina os escuros rincões de minha alma.

Sim, agora sinto que estou mais animado, ao saber que Ele não me abandonou, jamais.

E eu fazia de minha vida um inferno, sepultava-me nos erros.

Mas agora sei que serei feliz.

Já me preenchi de força. Agora, estou pronto para a batalha final.

E arremeterei com vontade para não errar.

E cada obstáculo que aparecer será mínimo. Por maior que aparente ser eu o ridicularizarei ao máximo.

Venci, tirei a venda de meus olhos; o que parecia um obstáculo gigante, hoje não é mais que um simples grão de areia.

Sou vitorioso, sim, sei disso.

17 – Alcançar o Êxito na Vida

Todas as pessoas desejam chegar ao êxito, mas lhes falta a bússola apropriada para seguir essa senda. Para que isso aconteça, faz-se necessário propor metas na vida e conseguir que estas se concretizem. E só vai depender de nós mesmos e de nossa habilidade para pensar e realizar aquilo que queremos.

Assim, precisamos ver o caminho que se deseja traçar com um objetivo lógico, desde o ponto de vista social, profissional ou familiar. Isso significa ter de se preparar continuamente, a cada dia. Dessa forma, a sorte o favorece.

Nesse sentido, o que precisamos é de trabalho e preparação, e saber aproveitar as oportunidades que surgem. É dessa maneira que a vida nos ensinará, pelo esforço contínuo.

Alguns conselhos são importantes, como ser ambicioso, pois os ambiciosos conseguem sempre o que almejam na vida. Siga as metas propostas e não desanime até consegui-las, e necessitará também de paciência e muita serenidade. Seja flexível quando os acontecimentos assim o pedirem. Se for necessária uma mudança, mude seus planos uma e outra vez mais, até que deem certo.

Lembre-se de despertar a cada dia com a visão de conseguir, sonhar não custa nada. Visualize seu êxito e sua mente se acostumará a projetá-lo pela imaginação. Tudo nasce em sua mente, considere-se uma pessoa que obtém seus intentos.

Por outro lado, seja constante e realista, dedique-se a trabalhar, deixe que a inspiração encontre você trabalhando. E o principal é manter o gosto pelo que está fazendo, do contrário, é melhor parar e se dedicar a algo que o motive a seguir produzindo. Uma pessoa com boa autoestima tem melhores chances para obter êxito.

Ainda, veja os fracassos por si só, os erros ajudarão a modificar seu caminho. Veja os problemas como simples desafios. É sempre bom buscar alternativas e soluções olhando cada situação difícil como uma oportunidade para crescer. Assim, os obstáculos não poderão absorvê-lo.

17.1 – Frases sobre êxito na vida

- "O êxito consiste em obter o que se deseja. A felicidade em desfrutar o que se obtém." – Ralph Waldo Emerson (1803 a 1882), poeta e pensador norte-americano.
- "O êxito é aprender a ir de fracasso em fracasso sem desesperar-se." – Winston Churchill (1874 a 1965), político britânico.
- "Para conseguir o êxito, mantenha um aspecto bronzeado, viva em um edifício elegante, ainda que seja no sótão, deixe-se ver nos restaurantes da moda, ainda que só tomes algo, e se pedir emprestado, peça muito." – Aristóteles Onassis (1906 a 1975), magnata grego.
- "Não há segredos para o êxito. Este se alcança preparando-se, trabalhando arduamente e aprendendo do fracasso." – Colin Powell (1937-), militar e político norte-americano.
- "O êxito consiste em vencer o temor ao fracasso." – Charles Sainte-Beuve (1804 a 1869), escritor e crítico francês.
- "As pessoas não são recordadas pelo número de vezes que fracassam, mas pelo número de vezes que têm êxito." – Thomas Edison (1847 a 1931), cientista norte-americano.
- "O requisito do êxito é a prontidão nas decisões." – Francis Bacon (1561 a 1626), filósofo e estadista britânico.

17.2 – Meditação para alcançar o êxito na vida

Procedimentos

- Colocar um incenso e música de sua preferência.
- Sentar-se em postura de meditação e fazer o *mudra* conhecido como *Kubera*: unir as pontas dos dedos médios e indicadores, de ambas as mãos, aos seus respectivos dedos polegares. Concentra toda a energia do corpo, a mente e o espírito em algum desejo concreto, seja de qualquer espécie, ajudando a consegui-lo.

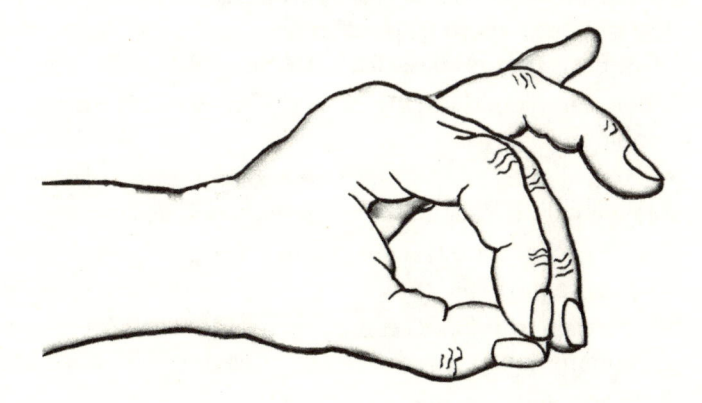

DESENVOLVIMENTO

- Recitar, três vezes, o *mantra* **OM NAMAH SHIVAYA**, o qual anula todo o efeito negativo e realça os efeitos positivos dos planetas sobre nós. Também acelera todas as coisas que empreendemos.

O Chamado

Desejo profundamente ter êxito na vida.

Quero que a força dimensional da atração me encaminhe sempre adiante e nunca me detenha.

Sei que tudo está ao meu alcance, mas depende de mim obtê-lo.

Com a ajuda da força suprema, peço que me conceda uma consciência plena para me direcionar na vitória.

Quero desenvolver meus talentos com paciência e dedicação, não quero deter-me jamais.

Quero que essa força dimensional da atração universal me dê coragem para seguir adiante, pelas coisas que luto. Quero assumir essa responsabilidade interiormente.

Sou consciente, desde hoje sou poderoso.

Não quero deprimir-me, quero seguir em frente, nunca parar.

Desejo possuir esse domínio sobre mim, quero ter a bússola adequada para adaptar-me às circunstâncias futuras.

Por isso peço, com todas as forças de meu coração, que me seja outorgado um pensamento construtivista. Nunca direi que tenha fracassado.

A partir de hoje, retirarei esta palavra "fracasso" de minha mente.

Haja o que houver, direi que estou no caminho certo. Que se essa situação não evoluir, limparei meu caminho diariamente e deixarei que as pedras, por si mesmas, afastem-se de meus projetos. E me deixem passar triunfante.

Devo reagir rapidamente, pois o Universo dimensional levará minha mensagem.

A partir de hoje, definirei meus projetos e organizarei uma estratégia para conseguir, com calma, o que tenha me proposto.

Definirei com clareza o que quero conseguir, tanto coisas materiais como pessoais.

Sei que para triunfar necessito reparar meu ego. Quero ser sincero comigo mesmo, quero dissolver os defeitos que me atormentam.

Sou consciente de que posso mudar.

Hoje estou me julgando e posso eleger o melhor das coisas.

Peço ao Universo dimensional que me ilumine.

Quero estar protegido por essa luz maravilhosa que passa a fazer parte cada vez mais de meus atos.

Agora, se errei, eu prometo que mudarei.

Não quero que as portas se fechem, quero mantê-las abertas com meu otimismo.

Sei que posso conseguir e o fracasso jamais me acolherá.

Quero fazer este chamado para melhorar meu caminho.

Quero ter vontade de estudar, de saber mais. Sei que com essa luz nunca fracassarei.

Quero ter a fé e a paciência, porque sei que estou sendo escutado.

18 – Para Desviar do Fracasso

O caminho para o êxito está formado pela ação e pela perseverança. Se conseguirmos essas qualidades, o fracasso nunca nos abordará.

Se falharmos uma vez, tentemos novamente, mas sempre mudando a direção, sempre mudando os acontecimentos até acertar na meta. Para tal, nunca se deve fazer as coisas da mesma forma, mas inovar e ser criativo.

Recordar-se sempre de que é necessário a mobilização a fim de encontrar uma forma de encaixar tudo o que deseja em sua vida. A monotonia não nos conduzirá a nada, somente ao medo de não fazer por temor a fracassar.

Nunca permita que o fracasso o desmoralize. Nunca renuncie. Pense no fracasso como um sinal em seu caminho para dar-lhe outra rota a ser eleita.

Veja o fracasso como uma ajuda que o torna mais perfeito. Analise onde ocorreu o erro e faça tudo para melhorá-lo.

O melhor exemplo que temos é com Thomas Edison, que falhou 10 mil vezes antes de ter encontrado o filamento do carvão utilizado nos focos de luz. Um repórter perguntou-lhe, depois de haver tentado cinco mil vezes, se estava desalentado. Edison respondeu que não havia falhado cinco mil vezes, senão que havia triunfado ao determinar cinco mil maneiras pelas quais não funcionava seu intento.

Com essa menção, cabe recordar que Edison não se deixou levar pelas dúvidas, pois escutou a voz interior e seguiu experimentando, pouco a pouco, até conseguir. E nunca se sentiu fracassado, pois o método era simples: sempre buscar um ângulo diferente para resolver o problema. Ele nunca estacionou nem ficou inerte, pelo contrário, ativou ainda mais seu cérebro e teve a coragem de conseguir, situação em que muitos fracassaram.

18.1 – Frases sobre o fracasso

- ➤ "Não existe o fracasso, salvo quando deixamos de nos esforçar." – Jean-Paul Marat (1743 a 1793), revolucionário francês.
- ➤ "Todo fracasso é o condimento que dá sabor ao êxito." – Truman Capote (1924 a 1984), escritor norte-americano.
- ➤ "Os que renunciam são mais numerosos do que aqueles que fracassam." – Henry Ford (1863 a 1947), industrial norte-americano.
- ➤ "Depois de um fracasso, os planos melhor elaborados parecem absurdos." – Fiodor Dostoiívski (1821 a 1881), novelista russo.
- ➤ "Cada fracasso ensina ao homem algo de que necessita aprender." – Charles Dickens (1812 a 1870), escritor britânico.
- ➤ "Um fracassado é um homem que tenha cometido um erro, mas que não foi capaz de convertê-lo em experiência." – Elbert Hubbard (1856 a 1915), ensaísta norte-americano.
- ➤ "O fracasso fortifica os fortes." – Antoine de Saint-Exupéry (1900 a 1944), escritor francês.

18.2 – Meditação para afastar o fracasso

PROCEDIMENTOS

- Utilizar incenso de sua preferência e música relaxante.
- Fazer o *mudra* conhecido como *Kapitthaka,* para afastar o medo do fracasso. Dedos indicadores e médios de ambas as mãos estirados, dedos polegares segurando o restante dos dedos dobrados.

DESENVOLVIMENTO

- Recitar por três vezes o *mantra* **OM GUM GANAPATAYEI NAMAHA** (lê-se namarrá) para a remoção do medo do fracasso.

O Chamado

Tenho medo de fracassar e de sentir-me humilhado.

Tenho medo de errar e que os demais riam de mim.

Seja nos negócios, no amor, com a família e amigos.

Quero ser grande como os grandes financistas que não tiveram medo de errar.

Eles eram valentes e quando fracassavam diziam que aprendiam com seus erros e melhoravam as situações.

Isso porque alimentavam o pensamento maravilhoso que os valorizavam por não se importarem com o que dissessem sobre eles.

Hoje quero ser como esses homens valentes.

Peço ao chamado da atração que me faça forte e duro como o aço.

Não quero ter um caráter débil, quero ser valente.

Quero ser arrojado e investir em meus negócios.

Quero ser perseverante e paciente para esperar os frutos.

Não quero pensar nas críticas, estas não me farão danos.

Se fracassar, terei a força descomunal para prosseguir novamente pelo mesmo caminho.

Mas, sem perseverar nos mesmos erros, mudarei de estratégia.

E, com muita paciência, esperarei que as coisas deem certo.

Se não fracassar, é porque meus pensamentos estão concentrados no triunfo.

19 – O Equilíbrio Mental

O corpo mental em equilíbrio consciente evolui nossa percepção do corpo material, cria a habilidade de ser construtor (não destrutivo), trazendo consciência para nosso ser e ajudando na formação de uma sociedade com princípios.

O primeiro passo para estabelecer um melhor equilíbrio emocional consiste em perguntar como nos sentimos. Se estivermos submetidos a sintomas e sofrimentos que não nos permitem desfrutar da vida, temos de confrontar a verdade e fazer frente do que nos ocorre, buscando a ajuda que nos proporcione os recursos precisos para mudar.

Por sua vez, o equilíbrio mental é a capacidade que uma pessoa tem para colocar em ordem tanto suas ideias racionais como a parte emocional. Isso permitirá ter relações interpessoais mais satisfatórias, maior produtividade no trabalho, motivação para seguir avançando em cada área da vida, capacidade para resolver os diferentes problemas e regressar a um estado de equilíbrio depois de uma crise. Todo esse conjunto produzirá uma sensação de satisfação e bem-estar mais ou menos estáveis.

19.1 – Frases sobre o equilíbrio mental nas ações

> ➤ "O equilíbrio mental, juízo reto, valor moral, audácia, resistência, forma de tratar o próximo e como tirar o melhor dos contratempos são coisas que não se aprendem na escola." – Alexis Carrel (1873 a 1944), biólogo e médico francês.
> ➤ "Mais conta manter o equilíbrio da liberdade que suportar o peso da tirania." – Simón Bolívar (1783 a 1830), general libertador, latino-americano.

➤ "Sempre se acreditou no que se chama destino, mas sempre se acreditou também que há outra coisa que se chama livre-arbítrio. O que qualifica o homem é o equilíbrio dessa contradição."
– Gilbert Keith Chesterton (1874 a 1936), escritor inglês.

➤ "A alma nunca pensa sem uma imagem mental." – Aristóteles (384 a.C. a 322 a.C.), filósofo grego.

19.2 – Para atrair o equilíbrio mental – Meditação

PROCEDIMENTOS

- Utilizar incenso de sua preferência e música para meditação.
- Fazer o *mudra* conhecido como *Hakini*: juntar as pontas dos dedos correspondentes de uma mão na outra. Ajuda a limpar a mente e clarificar ideias e sentimentos, superando o momento difícil.

DESENVOLVIMENTO

- Recitar o mantra **SHANTE PRASHANTE SARVA BHAYA UPASHA MANI SWAHA** (lê-se Suarra) por três vezes. Auxilia na transformação de estados interiores, naqueles momentos de dificuldades, quando emerge um grande sentimento de medo.

O Chamado

Oh, santíssima força universal do Cosmos!
Quero por mediação de teu grande poder vibracional ser escutado e que meus pedidos sejam consentidos.

Quero que me conceda o dom de equilibrar meu cérebro nas situações mais difíceis que eu tenha de enfrentar.

Por mais difícil que seja o problema, quero que a força da vibração equilibre minha mente de uma forma serena e repleta de paz, a fim de trazer a clareza de que necessito para separar o errado do certo.

Quero possuir essa força gratificante, essa luz que me guiará nos momentos mais necessários ao tomar decisões que envolvem meu destino.

Agora vejo claro o porquê de meu problema, e vejo como minhas ideias vão se conjugando de maneira clara e simétrica.

Quero ter o equilíbrio mental para "tal" ou "qual" situação na vida que eu identificar.

Isso me fará prosperar e amar de verdade.

Minha mente não pode ofuscar-se, tem de ser controlada e comandar-se-á por meio do enfoque de meus pensamentos.

Respiro fundo essa energia que me dará a oportunidade de não exceder-me (respirar profundamente).

Serei uma balança de sabedoria, porque hoje controlarei meus pensamentos e minhas obras serão vistas, enraizadas no gozo e nos triunfos.

Não quero mais viver na incerteza com meus problemas.

Hoje decidirei e colocarei um fim a qualquer situação desagradável.

Hoje comandarei minha vida. Nem a paixão ou a raiva me controlarão, porque eu dominarei minha mente.

Grande força vibracional, faz-me sentir teu poder! Que se abram para mim as oportunidades.

Mas, também, que eu saiba controlar meu entusiasmo sempre com bom senso e prudência.

Jamais utilizarei a ira para solucionar os problemas diários. Não atuarei com raiva, atuarei decididamente com firmeza e inteligência. Assim, a raiva não poderá sobrepor-me, nunca.

Hoje estarei dentro da divina proporção, minha paciência será uma amiga inigualável. Não me sobreporei aos fatos nem temerei meus medos, tudo será controlado hoje.

Se há uma perda fatal em meu destino, rogo à sagrada providência para que me dê temperança e sabedoria para aceitá-la.

19 – O Equilíbrio Mental

Saberei conviver entre os leões e as feras selvagens. As serpentes não me picarão, porque eu sei que sou diferente e que minha atitude apaziguará os corações daqueles que querem me fazer danos.

Porque, com o equilíbrio mental, possuirei o poder e o estrondo de um relâmpago não poderá impactar-me. Nem o furacão mais insustentável me pegará de surpresa.

Minha mente estará um mar sereno, aprazível, cheia de quietude, e a água do copo não transbordará, pois estarei em sintonia com o infinito, com minha essência, com meu pensamento sereno. Somente escutarei as folhas caindo das árvores pela brisa do vento.

Desejo que meus problemas não sejam dominados pela raiva. Analisarei cada circunstância antes de decidir cada ação que tomarei. Modularei meu ânimo, respirarei tranquilo, não quero ofuscar-me.

Vejo como o sol atravessa o oceano no entardecer. Que plenitude tão colossal de encontro do céu e da Terra! Mas os dois estão tranquilos, em perfeita harmonia, com uma calma suprema, com divina sabedoria.

Hoje, buscarei o amor sem me desesperar. Com tranquilidade chegará mais rápido. Sem me sobrepor, o amor se concretizará.

Serei dono de minhas emoções e saberei transmiti-lo aos demais. Eles verão em mim a calma e um perfeito equilíbrio mental.

SHANTE PRASHANTE SARVA BHAYA UPASHA MANI SWAHA. Repetir o mantra algumas vezes e retornar da meditação.

20 – Fortalecimento da Memória

– A memória é a capacidade de registrar, armazenar e manipular informações provenientes de interações entre o cérebro, o corpo e o mundo que nos cerca.

– Está relacionada com o registro de nossos sentimentos ou de qualquer atitude do cotidiano nos diferentes períodos de vida.

– Intimamente relacionada com o aprendizado, uma vez que este é a aquisição do conhecimento e a memória é o resgate desses conhecimentos após um tempo.

A Neurofisiologia da Memória

– É o resultado de um agrupamento de sistemas cerebrais trabalhando em conjunto.

– O lóbulo temporal funciona como um suporte para a formação de novas memórias, além de não apagar a maior parte da memória formada no decurso de nossa vida.

– O hipocampo é importante para a consolidação da nova informação na memória de longa duração. Está envolvido com o reconhecimento de novidades e a relação espacial (por exemplo, como se lembrar de um local visitado antes).

– A amígdala, por sua vez, faz a conexão entre o tálamo e as regiões sensoriais do córtex, participando no armazenamento de informações vindas do meio externo, juntamente com estímulos sensoriais.

– Ainda, a memória de longa duração é armazenada principalmente no córtex frontal, o qual também é responsável pela resolução de problemas e planejamento de comportamento.

Consolidação da Memória

– Processo que armazena novas informações de longa duração e passa por três estágios:
- A codificação processa a nova informação a ser armazenada e se subdivide em aquisição (registra informações em arquivos sensoriais) e consolidação (cria forte representação através do tempo).
- O armazenamento cria e mantém um registro permanente da informação já codificada.
- A evocação utiliza a informação armazenada para criar uma representação consciente ou executar um comportamento aprendido como um ato motor.

Cabe ressaltar que um grupo de cientistas da Pontifícia Universidade Católica do Rio Grande do Sul, liderados pelo neurocientista argentino Ivan Izquierdo, divulgou em 2006 que conseguiu, finalmente, comprovar em seus experimentos que a memória está associada ao mecanismo sináptico. Isto é, há uma associação do que vimos, ouvimos e sentimos na hora de recordar um fato ocorrido em nossa vida, reforçando a lembrança. Conclui que "uma informação isolada dificilmente fica na memória e memórias são associações".

Ainda, o neurologista Ivan Okamoto, vice-coordenador do Departamento de Neurologia Cognitiva e do Envelhecimento da Academia Brasileira de Neurologia, diz que:

O repouso é muito importante para a memória, pois é dormindo que consolidamos as informações adquiridas ao longo do dia. Estudos comprovam que depois de 12 horas de sono você consegue o melhor índice de retenção de memória. É nessa hora que o cérebro separa aquilo que precisa ser guardado do que é dispensável.

20.1 – Frases sobre a memória

➤ "A memória é como uma viagem mental." – Endel Tulving (1927-), psicólogo, neurocientista e pesquisador estoniano.
➤ "A memória é a inteligência dos tontos." – Albert Einstein (1879 a 1955), cientista alemão, naturalizado norte-americano.
➤ "Cada um tem o máximo da memória para o que lhe interessa e o mínimo para o que não lhe interessa." – Arthur Schopenhauer (1788 a 1860), filósofo alemão.

- "A memória é o espelho em que vemos os ausentes." – Joseph Joubert (1754 a 1894), escritor francês.
- "Credores têm melhor memória que devedores." – Benjamin Franklin (1706 a 1790), pensador norte-americano.
- "A tinta mais pobre de cor vale mais que a melhor memória." – Provérbio chinês.
- "Cuidamos apenas de encher a memória e deixamos vazios o entendimento e a consciência." – Michel de Montaigne (1533 a 1592), escritor e pensador francês.
- "A vantagem de ter péssima memória é divertir-se muitas vezes com as mesmas coisas boas como se fosse a primeira vez." – Friedrich Nietzsche (1844 a 1900), filósofo e escritor alemão.
- "Uma notável memória nunca foi sinônimo de sabedoria, não mais do que um dicionário seria chamado de uma tese." – John Henry Cardinal Newman (1801 a 1890), pensador inglês.
- "Assim como a memória pode ser um paraíso do qual não podemos ser levados, ela pode também ser um inferno do qual não conseguimos escapar." – John Lancaster Spalding (1840 a 1916), pensador ligado à Igreja Católica.
- "Todo mundo queixa-se da falta de memória, mas ninguém queixa-se da falta de senso." – François de La Rochefoucauld (1613 a 1680), pensador francês.
- "Quem discute alegando autoridade não usa a inteligência, mas a memória." – Leonardo da Vinci (1452 a 1519), pintor italiano.
- "A verdadeira arte da memória é a arte da atenção." – Samuel Johnson (1709 a 1784), escritor e pensador inglês.
- "A memória diminui... se não for exercitada." – Marco Túlio Cícero (106 a.C. a 43 a.C.), filósofo e orador romano.

20.2 – Meditação para fortalecer a memória
Parte I e Parte II

PROCEDIMENTOS

- Utilizar incenso de sua preferência e música suave.
- Fazer o *mudra* conhecido como *Chin, mudra* do conhecimento: dedo polegar de cada mão sobre o respectivo dedo indicador, o restante dos dedos estirados e voltados para o chão (energia ativa). Fortalece a memória, ajudando o cérebro a trabalhar corretamente.

DESENVOLVIMENTO

- Recitar, pausadamente, três vezes o *mantra* SAT NARAYAN WHA HE GURU, HARI NARAYAN SAT NAM. Proporciona a clareza mental.

O chamado

Desejo que a força dimensional da atração escute meu chamado e me permita ter força para adentrar em meus estudos diários.

Quero imbuir-me da vontade de estudar e ser alguém na vida.

E, para que isso aconteça, quero que minha memória guarde, passo a passo, tudo o que foi aprendido ultimamente.

Quero que meus neurônios viagem em uma velocidade irreconhecível por todo o meu cérebro e abram sinapses, a fim de que o entendimento das leituras que fizer fiquem registradas, intimamente, em minha memória.

Sei que posso conseguir terminar meus estudos e me sobressair, já que diante de mim abrem-se as portas da retenção da leitura e, por conseguinte, esta ficará instalada em minha lembrança.

Quero que essa grande força que gira faça o chamado para que minhas sinapses cerebrais se abram e me deem consciência do que estou estudando; quero compreensão, quero possuir objetividade.

Não me esgotarei ao estudar, sequer sentirei sono, porque esse chamado produzirá em meu cérebro uma mudança substancial de abordagem direcionado ao meu propósito.

Para tal, quero ser responsável por meus atos. Sim, tenho estudado muito, pois desejo a absorção e o néctar do estudado.

Sei que a atração dimensional se acoplará em meu cérebro, promovendo neurônios com conteúdos positivos para o entendimento da leitura que faço e que desejo reter.

- Conduta após estudos: depois de uma leitura extenuante dos textos, concentrar-me-ei no poder da atração e pedirei que tudo o que tenha estudado e lido possa ser retido em minha memória.

Por isso peço que a força da luz amarela clara banhe meus neurônios e preencha meus circuitos e *nadis* cerebrais, anulando informações negativas que possam me causar danos.

Quero que a luz me dê a força necessária para sentir a chispa da vida e para poder transportar minhas alegrias e tristezas.

Peço que minha mente se abra para os estudos profundos, e que minha memória trabalhe ao máximo, elaborando esses estudos em um canal com minha mente. Assim, com segurança, não se perderão.

Eu sinto dessa forma, sei que é verdade que não se perderão, porque serão elaborados.

Agora, sei e vejo a luz que tudo entende. É uma luz brilhante e se abre como duas pétalas e se acopla ao meu cérebro esquerdo e direito.

Sim, posso senti-la, já que provoca uma espécie de choque em minha cabeça e a percebo perfeitamente.

Dominarei meu nervosismo para ter uma melhor concentração.

Sinto como as letras se espargem por todo o meu cérebro, sobre tudo o que já li com eficiência.

Agora, quero que minha memória assimile, quero que a potência assimiladora vá irradiando, por todas as letras deste livro que estou decifrando (tocar as páginas do livro).

Quero que minha mente assimile tudo o que foi lido. Repetir três vezes.

20.3 – O fortalecimento da memória

Parte II

EXERCÍCIO Nº 1

DESENVOLVIMENTO

- Comece a lembrar de todas as coisas que fez nos primeiros anos de sua infância. Busque situações mais interessantes, que o motive a recriá-las novamente.

E para senti-las de forma real, entre no grande túnel da força da atração e ali submerja. Tente mergulhar com sua imaginação em uma luz azul-clara, banhe-se com essa luz.

Então, após ter se encoberto nessa poderosa vibração, triplique suas sensações intensificando três vezes mais. Dessa forma, torna-se mais fácil lembrar. Agora, recorde-se de coisas de sua infância. Se essas forem vistas de forma mais clara, com nitidez, é porque funcionou seu chamado com a força vibracional de seu corpo etérico, o qual, por sua vez, moveu suas sinapses cerebrais. Enquanto isso, com muita fé, você está tomando banho nessa luz celeste.

Assim como nesse exercício, você também poderá fazer coisas mais incríveis, como por exemplo ler dez folhas de um livro, e seguindo a prática anteriormente realizada, visualizar o que estava escrito relembrando com a memória. Esse procedimento se potencializará com a imaginação de acordo com o que foi lido. Quem sabe não será de seu interesse recitá-lo em um momento oportuno?

EXERCÍCIO Nº 2

DESENVOLVIMENTO

- Este é um exercício da atração dimensional de dois corpos: água em contato com a pele.
- No momento em que tiver terminado de estudar por horas contínuas e quiser que tudo o que foi aprendido fique registrado em

sua memória, você vai até o chuveiro para tomar uma ducha. Logo, você pensará em uma luz azul. Assim, toda vez que abrir a torneira do chuveiro imaginará a luz azul e a água cairá da cabeça aos pés. Entretanto, para você será a luz azul que o estará banhando e que ativará seus neurônios, produzindo o chamado vibracional.

- Lembre-se de pedir com fervor à roda dimensional da atração para que se realize o processo mental de memorização no momento em que a água cair em sua cabeça e for se diluindo pelo seu corpo. Essa sensação também será prazerosa quando for realizada em uma cachoeira ou quando estiver entrando no mar.

Esse exercício é muito relaxante e poderá ser aplicado nos casos em que tenha lido por muitas horas, como também se aplicará em situações para relaxamento dos neurônios.

21 – A Tarefa Especial de Vida

O termo missão remete a uma orientação escrita no ser de cada pessoa com vista a uma ação social. A necessidade que cada um sente de se autorrealizar em uma atividade que corresponda às suas características individuais a serviço de uma comunidade. E, de forma geral, direciona-se para o serviço do amor.

A missão pessoal pode se revestir de várias modalidades e formas. Para realizá-la adequadamente, às vezes, bastam algumas modificações no trabalho cumprindo a mesma tarefa. Porém em outro contexto poderá aperfeiçoar-se, prosseguindo nos estudos, mudando de atitude perante o emprego, como tornar-se autônomo, ou colocar mais ênfase no trabalho de equipe e descobrir uma nova motivação para o que faz.

Em outras situações, a mudança de atitude poderá ser fundamental, por exemplo, tornar-se mais criativo, mais amistoso, menos precavido, menos temeroso, mais empreendedor, mais comprometido, mais satisfeito e inclinado a expressar a gratidão.

Em alguns casos, terá até de trocar de carreira ou de emprego, caso deseje responder a uma chamada persistente da alma, como colocar-se a serviço dos demais, como se comprometendo com a política ou dedicando-se à cooperação internacional; encontrar uma nova forma de expressão artística; reavivar uma antiga paixão, etc.

Haverá, ainda, ocasiões em que, para cumprir a missão designada pela alma, talvez tenha de escolher um estilo de vida totalmente novo: casar-se, ter um filho, viver no campo, etc.

O reconhecimento da missão pode se revestir de vários aspectos: um ideal para perseguir, uma paixão, uma meta importante para alcançar, um desejo profundo e perseverante, uma inclinação duradoura da alma, um entusiasmo transbordante por um tipo de atividade, etc.

Ainda sucede, às vezes, que alguns descobrem sua missão pessoal na base do rechaço, do incômodo. Quando é invadido por um aborrecimento, por pesares e queixas, pela nostalgia, por uma impressão de vazio, de sonhos recorrentes ou recordações ou chamadas acusadoras. Ainda que não descoberta, a missão seguirá sendo um farol brilhante em meio às trevas.

Quando a pessoa colabora com os desígnios da alma, a tarefa se converte em sabedoria, em guia de seu caminho, colocando-o em guarda contra a dispersão e os extravios. Anima-o a concentrar suas energias. Ajuda-o a tomar as decisões acertadas. Enfim, permite-lhe discernir quem serão seus verdadeiros colaboradores na aventura de sua vida. Mais do que um encontro de caminho de vida, a missão é o próprio caminho.

O certo é que ninguém se prepara repentinamente para sua tarefa especial de vida. Vai se preparando, sem sabê-lo, por decisões nem sempre racionais, por tímidos consentimentos e vínculos, por um acontecimento curioso ou desconcertante. Somente mais tarde, ao repassar o itinerário de sua vida, dá-se conta de que um desígnio misterioso havia lhe servido de guia.

Em geral, a natureza não procede por saltos, mas vai tornando uma pessoa capaz de realizar as transições de melhor envergadura, do mesmo modo como os pequenos duelos pelos quais se passa na vida.

Assim, o descobrimento da missão de cada um e o empenho que utilize para realizá-la produzirá, necessariamente, uma irradiação misteriosa e imprevisível sobre todo o conjunto de sua vida e, em seguida, sobre todo o seu entorno.

21.1 – Frases sobre missão de vida

➤ "A principal tarefa de uma pessoa é a de dar nascimento a si próprio." – Erich Fromm (1900 a 1980), psicanalista alemão.
➤ "Tenho o desejo de realizar uma tarefa importante na vida. Meu primeiro dever está em realizar coisas humildes como se fossem grandes e nobres." – Helen Keller (1880 a 1968), escritora e ativista norte-americana.
➤ "Na totalidade imensa da criação, observa-se que, apesar de sua diversidade, todas as criaturas têm uma tarefa particular a cumprir." – Samson Raphael Hirsch (1808 a 1888), rabino alemão, fundador intelectual da Torá.
➤ "A vida é uma missão. Qualquer outra definição de vida desorienta aqueles que a aceitam. Religião, ciência, filosofia, embora ainda discordem em muitos pontos, concordam em que toda

existência tem um objetivo." – Mazzini (1805 a 1872), político e revolucionário italiano.
➤ "A verdadeira grandeza de uma pessoa reside na consciência de um propósito honesto na vida. Alicerçado em uma estimativa justa de sua pessoa e no de tudo mais; em um frequente autoexame, em uma firme obediência às regras tidas como certas. Sem se perturbar com o que os outros possam vir a pensar ou dizer ou como fazem ou não, mas com a base firme naquilo que a pessoa pensa, diz e faz." – Marco Aurélio (121 d.C. a d.C.180), imperador romano.
➤ "O futuro pertence àqueles que acreditam na beleza de seus sonhos." – Eleanor Roosevelt (1884 a 1962), primeira dama dos Estados Unidos.
➤ "Quando temos um sonho, parece que o Universo inteiro conspira para que ele se realize." – Paulo Coelho (1947-), escritor brasileiro.

21.2 – Missão de Vida Integração à Tarefa Pessoal – Meditação

PROCEDIMENTOS

- Utilizar incenso de sua preferência e música para meditação.
- Fazer o *mudra* conhecido pelos hinduístas e budistas como *Dharmachakra*, o giro da roda. Mão esquerda: dedos polegar e indicador unidos, palma da mão direcionada para o coração, em conexão com nosso mundo interior. Mão direita: igualmente polegar e indicador unidos, porém a palma da mão está direcionada para o exterior em conexão com o mundo que nos rodeia. O dedo médio da mão esquerda deve tocar a união do polegar e indicador da mão direita, indicando o círculo eterno da vida e a perfeição universal. É um *mudra* diretamente relacionado com nosso desenvolvimento espiritual para ajudar na descoberta de nossa missão para esta vida.

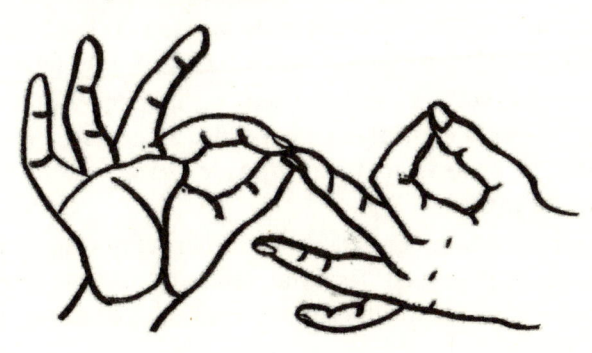

DESENVOLVIMENTO

- Recitar, três vezes, o *mantra* **OM GUM GURUGHYO NAMAHA** (para potencializar o chamado). Invocando a saudação desde o mais profundo de meu ser ao Deus do Princípio do Mestre Espiritual, que arroja luz na escuridão da consciência.

Oração

Hoje, desejo ser grato com minha alma outorgando-lhe uma transformação de todo o meu ser, desde minhas ideias até a chispa luminosa de meu espírito.

Quero que a lei da atração me dê a iluminação necessária para poder alimentar minha alma dessas pequenas sensações maravilhosas que tenho oportunidade de viver.

Desejo honrar meu trabalho para o bem dos outros, para meus entes queridos e minha família.

Quero honrar o meu cônjuge, o companheiro evolutivo que o destino trouxe para mim com suas virtudes e seus defeitos.

Quero que a grande roda dimensional da atração ilumine meu lar, que o torne mais perfeito ainda.

Quero que os mestres de luz escutem meu clamor e que me deem a coragem e a serenidade para suportar os tormentos de meus traumas. E, se for possível, que façam desaparecer sinapses negativas carregadas de rancor que atormentam meu coração, a fim de que minha alma se preencha de felicidade e brilhe radiante como uma estrela.

Quero que a vida escolhida por mim me proporcione paz. Mas também quero ser justo com aqueles que cometem crueldade.

Quero que, com cada ação boa que eu faça aos outros, minha alma transborde de felicidade e irradie como uma estrela.

Também quero que a Luz me faça compreender se acertei ou errei ao escolher meu caminho e, se não estiver no rumo certo, peço à lei da atração que mude meu caminho de imediato.

Se eu estiver em um beco sem saída, peço à Luz que me faça encontrar o caminho da verdade. Se eu estiver errando, que me faça encontrar o caminho de volta para poder remediar minha torpeza.

Quero que minha missão sobre a Terra fique gravada com letras de amor, de abnegação total, também no trabalho que realizo, pois desejo que minha alma se enalteça por mim.

Não desejo que minha alma sofra pela cegueira ou inconsciência em que hoje me encontro.

Por isso, peço ao Universo dimensional que busque para mim o trabalho e o amor apropriados para minhas características pessoais.

Quero que o Universo dimensional me ajude a ver meus êxitos conquistados.

Quero poder escutar minha alma que sempre me diz a verdade. Quero ampliar minha sintonia com ela para que faça cantar meu coração. Inclusive quando esse caminho que percorro necessita de uma reformulação, uma transformação importante.

Quero abraçar o caminho da alma para converter-me em um ser humano completo.

Quero que a missão destinada por minha alma proporcione para mim felicidade, satisfação, sentido, rumo, motivação e, o mais importante, que me propicie paz.

Desde o mais profundo de meu ser, quero que a luz vibracional escute meu pedido e que me torne mais reflexiva, que me impulsione a viver com honra e respeitar minha vida para que tenha um significado.

Se estou enamorado de minha alma, estou enamorado da abundância.

Quero colaborar com o bem-estar da sociedade de uma forma concreta.

Quero ajudar a natureza e o planeta.

Escutarei, a partir de agora, meus pensamentos para descobrir quais são as mensagens que meu inconsciente envia.

Quero que minha missão encaminhe-se, conscientemente, até a energia de minha alma e ali obtenha poder.

Quando a parte mais profunda de si mesmo envolve-se com o que está fazendo;

Quando vejo que minhas atividades são gratificantes e plenas de sentido;

Quando jamais me cansar interiormente, e sim buscar a satisfação de minha vida e de meu trabalho, então saberei o que estarei fazendo.

Sei que meu medo não se dissolverá de imediato, mas se dissolverá na medida em que me esforce.

Sei que minha alma tem uma missão nesta vida e pedirei à luz que me aponte essa tarefa. A luz vai assinalar-me o que tenho de fazer, porque a missão da alma é divina.

Não quero ficar atado às circunstâncias externas, por isso, peço à força da atração que me faça ver minha missão nesta vida.

Se não estou desenvolvendo a tarefa que minha alma encomendou para mim, então que se afaste de mim essa sensação de triunfo, que esta seja atirada ao fogo para que se purifique. E, assim, terei satisfação em reconhecer meu erro.

Ó, luz imaculada de minha alma!

Perdoa-me se te faço sofrer com minhas necessidades.

Sei que meu coração exclama a mudança (fazer uma reflexão).

Sim, sim, estou alegre agora.

Sei, agora, qual é a minha missão de alma.

Eu estive tão cego e agora vejo a liberdade.

Minha alma voa como um pássaro feliz e despreocupado.

OM GUM GURUGHYO NAMAHA (recitar até finalizar a meditação).

21.3 – A tarefa pessoal II – 1ª e 2ª Meditações

PROCEDIMENTOS

- Utilizar incenso de sua preferência e música suave.
- Fazer o *mudra* conhecido como *Dharmachaka*, o giro da roda. Mão esquerda: dedos polegar e indicador unidos, palma da mão direcionada para o coração em conexão com nosso mundo interior. Mão direita: igualmente polegar e indicador unidos, porém a palma da mão está direcionada para o exterior em conexão com o mundo que nos rodeia. O dedo médio da mão esquerda deve tocar a união do polegar e indicador da mão direita, indicando o círculo eterno da vida e a perfeição universal.

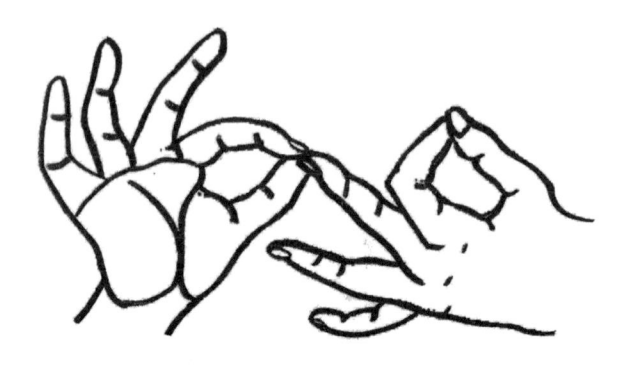

1ª MEDITAÇÃO

DESENVOLVIMENTO

- Iniciar recitando o *mantra* **OM GUM GURUGHYO NAMAHA**, por três vezes, invocando a unidade. Saudação desde o mais profundo de meu ser ao Deus do Princípio do Mestre Espiritual, que arroja luz na escuridão da consciência. Repetir até entrar nessa vibração.
- Agora, visualizar uma luz amarela.

  Conceda a essa luz amarela uma força extraordinária, a qual se dirigirá a seus pensamentos e os fará transcender às raízes do conhecimento.

  Toda a força guardada em sua memória, como aprendizados não concluídos, será resolvida com o poder da intuição. E o que você sabe, por esforço próprio, sua memória o diversificará e classificará para ideais mais homogêneos com sua forma de viver e atuar no momento presente.

  Para poder assimilar essa luz amarela e assim desfazer seus defeitos atuais, você terá de se reformular com um pensamento claro sobre o que está fazendo neste mundo, onde se existe e coexiste com a força do Cosmos. E a movimentação do Todo irradiará um padrão de vida superior para o benefício de sua alma.

  Assim, se você quer corrigir-se de falhas, terá de assimilar agora uma luz dourada, a qual simbolizará a limpeza e a purificação. E deve se perguntar: acredita que a vida atual se harmoniza com o trabalho que você professa? Se sua existência atual está danificando sua alma pela qualidade negativa de suas ações, então é necessário purificar-se.

- Ao finalizar sua meditação, abra os olhos, retornando ao presente.

2ª MEDITAÇÃO

DESENVOLVIMENTO

- Recitar, novamente, por três vezes o *mantra* **OM GUM GURUGHYO NAMAHA**.
- Visualizar, então, uma roda que gira em espiral de diferentes cores. Todas essas cores são muito harmoniosas e trazem uma leveza inigualável.

Você se deixa levar por essa espiral e por suas luzes. E sem demora estará girando dentro dela, e cada vez que o faz, sentir-se-á mais seguro de si mesma.

Esta espiral dará a você uma forte convicção em consonância com suas ideias e pensamentos.

Cada vez mais que se aprofundar, sentirá plena satisfação pelos logros conseguidos em sua existência atual, que tenham sido bem determinados e duradouros.

- Então, peça à grande espiral em movimento que outorgue a você a autoconfiança em todos os trabalhos que quiser realizar; o que deseja mudar no transcurso de sua existência em busca de uma meta melhor do que a até agora trilhada.
- Esteja consciente e peça com muita veemência, pois a roda ou espiral representa o sistema de atração universal, e tudo o que pedir nesse momento, haverá de cumprir-se irremediavelmente. Se quiser melhorar o caminho destinado a viver, deve desejar mentalmente uma mudança completa, para que não se trave seu pensamento atual.
- Você deve afirmar que vencerá e que logrará chegar, com todas as forças de sua alma, até o lugar mais extraordinário da condição humana. Peça sem temor, já que a roda dimensional que rege a vontade do Universo proporá um caminho conjugado à sua imaginação.
- Agora que a grande espiral já captou seu pedido, você o verá mais iluminado, com uma luz branca intensa. Ali, sua alma vai se despojando de tabus, de falsas ideias e temores, de medos e enfermidades que lhe trazem insegurança para embarcar na felicidade.

Nesse momento, veremos representados frondosos jardins e cachoeiras que desaguam em seus pontos mais altos. E você tomará banho de cachoeira com águas mornas, deliciosas. Com esse banho, afastará as más energias e pensamentos que faziam com que suas ambições ficassem truncadas pelo temor e falta de consideração para consigo mesmo.

Sinta como essa água pura e morna transpassa seu espírito e banha sua alma até deixá-la purificada com o sabor nutritivo da terra, das plantas e da água cristalina.

Fixe, agora, sua atenção na mudança que haverá de acontecer, porque seguramente acontecerá, dependendo do empenho e da força de seus pensamentos.

Agora, afaste-se da cachoeira e deixe-se secar com o sol radiante. Este representa o vínculo sagrado com seu chamado e o cumprimento de sua promessa, pois o que deseja levar a cabo se cumprirá de todas as maneiras.

E, pouco a pouco, a espiral o transportará à sua realidade atual, e o deixará partir. Sinta como a espiral, em cada rotação de seu movimento, vai transportando você para a realidade e deixando-a muito mais tranquila. Recorde-se de que terá de ter fé para que a roda vibracional não perca a entonação com seu pedido.

22 – Requisitos para Atingir uma Boa Saúde

- Ninguém alcança uma boa saúde do dia para a noite.
- O equilíbrio para a saúde física, energética e mental pode até ser ampliado à saúde espiritual, sendo que cada um tem suas próprias características.

A primeira etapa na obtenção da saúde é a conscientização; para tal, faz-se necessário investigar como você vive sua vida e como se sente diante dela, se consegue lidar com suas dificuldades e como elas o afetam.

Ainda, avaliar seu conceito de ser saudável, pois a saúde plena consiste no equilíbrio de atividade e descanso e você precisará estar motivado para chegar a uma boa saúde.

Se o indivíduo decide que está disposto a cuidar de sua saúde, então ele tem de se conscientizar de que isso irá gastar energia e tempo e que ele terá de ter disciplina e persistência para realizar todo o caminho, mantendo-o para o resto de sua vida.

Outra etapa para o bem-estar e a saúde é a desintoxicação e a mudança de hábitos, pois nossa vida está repleta de elementos como estresse, má alimentação e poluição. A não ser que se faça uma desintoxicação periódica, o organismo e a mente ficam sempre intoxicados e necessitam ser limpos.

A terceira etapa para alcançar a saúde plena é auxiliar na prevenção de doenças típicas da constituição individual e/ou genética.

E, como último passo, é verificar o que sobrou de doenças e desconfortos e realizar tratamentos específicos com profissionais competentes para resolver esses problemas, sempre em busca de uma saúde biopsicossocial equilibrada.

22.1 – Frases sobre a saúde

➤ "Se alguém procura a saúde, pergunta-lhe primeiro se está disposto a evitar no futuro as causas da doença; em caso contrário, abstém-te de ajudá-lo." – Sócrates (469 a.C. a 399 a.C.), pensador grego.

➤ "Saúde é algo que faz você achar que agora é a melhor época do ano." – Franklin P. Adams (1881 a 1960), jornalista norte-americano.

➤ "Prefiro ter saúde a ser rico." – Cícero (106 a.C. a 43 a.C.), filósofo romano.

➤ "Para a saúde da mente e do corpo, os homens deveriam enxergar com seus próprios olhos, falar sem megafone, caminhar sobre os próprios pés em vez de andar sobre rodas. Trabalhar e lutar com seus próprios braços, sem artefatos ou máquinas." – John Ruskin (1819 a 1900), escritor inglês.

➤ "A saúde é conservada pelo conhecimento e observação do próprio corpo." – Cícero.

➤ "A saúde é o resultado não só de nossos atos, como também de nossos pensamentos." – Mahatma Gandhi (1869 a 1948), líder espiritual da Índia.

➤ "A saúde significa harmonia e é a síntese de tudo que é belo." – Thomas Carlyle (1795 a 1881), ensaísta escocês.

➤ "A verdadeira felicidade é impossível sem verdadeira saúde, e a verdadeira saúde é impossível sem um rigoroso controle da gula." – Mahatma Gandhi.

➤ "Estar sempre de acordo consigo mesmo: não conheço melhor atestado de boa saúde." – François Mitterrand (1916 a 1996), político francês.

➤ "Gozai vossa bela saúde; só é jovem quem passa bem." – Voltaire (1694 a 1778), filósofo francês.

➤ "Não sabemos avaliar a saúde quando a temos, lamentamos sua falta quando a perdemos." – Marquês de Maricá (1773 a 1848), político brasileiro.

➤ "O maior erro que um homem pode cometer é sacrificar sua saúde a qualquer outra vantagem." – Arthur Schopenhauer (1788 a 1860), filósofo alemão.

➤ "Os homens que perdem a saúde para juntar dinheiro e depois perdem o dinheiro para recuperar a saúde, por pensarem ansiosamente no futuro, esquecem o presente, de tal forma que acabam por nem viver no presente nem no futuro. Vivem como se nunca fossem morrer e morrem como se nunca tivessem vivido." – Buda (563 a.C. a 483 a.C.), mestre espiritual indiano.

22.2 – Meditação para obter saúde

PROCEDIMENTOS

- Utilizar incenso de sua preferência e música para meditação.
- Fazer o *mudra* conhecido como namaskara: unir as palmas e dedos de uma mão na outra em forma de oração. Essa postura de mão, no plano físico, introduz e regenera a energia corporal, fortalecendo nosso sistema imunológico e trazendo mais força e vitalidade.

DESENVOLVIMENTO

- Iniciar recitando, três vezes, o *mantra* **OM ARKAYA NAMAHA**, evocando esse som com profundidade. É a energia sanadora do sol que cura aflições e enfermidades severas. Ativa o plexo solar que começa a produzir vibrações de cura. Direciona energia de saturno que governa baço, joelhos, sistema ósseo, pituitária, pernas e tornozelos.

O Chamado

Rogo à lei da atração que está me escutando neste momento, porque desejo sua onipotência e força, pois quero saúde.

Quero que meu corpo doente se preencha dessa irradiação curadora e me outorgue a energia necessária para seguir vivendo.

Peço à lei dimensional do Universo que traga novos eflúvios para meu corpo. A fim de que minhas células se encham com essa irradiação maravilhosa, e cumpra-se meu desejo de libertar-me de qualquer doença que corrompa meus órgãos e deteriore meu sangue.

Sei que serei escutado, porque faço conexão com o chamado mais sagrado que é a lei da atração universal, e ela fará com que se cumpra meu pedido: de ver-me uma pessoa sem doença, completamente sã, cheia de vitalidade.

Quero purificar-me em uma luz branca que é a luz da pureza. Quero que essa luz me envolva como uma chama e que destrua todo o germe nocivo e maligno que está danificando minha saúde.

Quero ver-me livre, agora, sim, precisamente agora, de toda a enfermidade.

Sinto como meus órgãos expulsam a doença, desde o topo da cabeça até descer gradativamente por todo o meu corpo, perdendo-se em meus pés.

Por favor, lei da atração, eu faço esse chamado supremo, pois quero estar livre de todo o mal.

Quero que os médicos surpreendam-se do quão estou bem. Quero que meus ossos voltem à sua condição normal, pois uma vez estiveram plenos de vigor e sarados de toda a influência negativa.

Sei que essa luz branca profunda mitigará minha dor e fará desaparecer todo o vestígio de enfermidade crônica.

Sim, posso sentir como a doença sai de mim.

Quero desbloquear meus neurônios e as partes de meu cérebro que estiverem lesadas, para ter mais raciocínio em minhas observações e, assim, ter também mais memória e disponibilidade para meus estudos.

Quero desfazer-me agora de todo o bloqueio, quer seja mental, corporal ou espiritual, que estejam trabalhando negativamente contra mim.

Quero que meu corpo se transforme em uma máquina perfeita. Quero também que minha mente revista-se de energias positivas e me dê a satisfação psicológica que busco, a fim de aprender a pensar com a devida clareza de espírito.

Por isso, peço à grande força do Universo dimensional que me conceda a graça de sentir-me sã para viver minha vida com plenitude; mas também, desejo afastar comportamentos nocivos que me fazem danos.

Assim, peço à lei da atração que me outorgue, também, a devida sabedoria para guardar meu corpo de todo o micróbio.

Hoje, comerei coisas saudáveis, afastar-me-ei das graxas e dos açúcares e de outras substâncias nocivas para meu organismo.

Hoje, modularei minha dieta, custe o que custar, porque sei que meu pedido se cristalizará em uma afirmação tão poderosa, que as qualidades de meu chamado (seja para um bem-estar da mente como do corpo) serão vistas de imediato.

Minha mente controlará minha saúde; ela será tão sábia que buscará o bem para meu porvir.

Sinto-me purificado, sinto-me equilibrado. O suporte do *mantra* e do *mudra* fará com que atomize mil vezes mais meu pedido.

- Recitar alguns minutos o *mantra* **OM ARKAYA NAMAHA**

Reconheço que sou uma pessoa de sorte ao conhecer esse mistério, mas também serei grato à vibração universal e ajudarei os outros doentes a superarem-se.

23 – Para Atrair a Saúde e o Rejuvenescimento das Células

Manter-se saudável não significa só cuidar dos aspectos físicos, mas ser igualmente cuidadoso com seu bem-estar e a saúde mental. Se sua mente estiver sã, seu corpo também estará.

É bom valorizar-se e aceitar-se como pessoa, pois isso o equilibrará psicologicamente e o fará gozar da vida.

Se você não sabe se controlar, a raiva acabará com sua vida e, de alguma forma, seu corpo vai sentir essa negatividade, debilitando algum de seus órgãos.

Por sua vez, a sensação que traz o estresse ou a baixa de ânimo, em decorrência da pressão provocada por problemas, traz prejuízos para sua mente e para seu sangue. Ainda, altera seus tecidos e atrai doenças com facilidade.

Por isso, leve a vida com alegria e com bom ânimo. Sorria sempre, restabeleça o humor, pois esse conjunto trará uma boa saúde mental e o protegerá de transtornos no corpo físico.

A angústia e o desespero produzirão mudanças nocivas no campo celular, tanto de pele como digestivas.

Seja moderado em sua alimentação, coma somente o necessário. Consuma sempre o melhor e evite alimentos gordurosos. O doce em exagero também altera o sangue. Siga uma dieta equilibrada, ame a si mesmo.

A ira envenena o sangue e esquenta o cérebro, produz febre e depressão, provoca envelhecimento celular e rugas no rosto.

Seja moderado com o álcool, as pimentas, as gorduras, evite muitos comprimidos e toda substância química em seu corpo, porque em algum momento estes irão afetar um de seus órgãos importantes.

Lembre-se de que o amor puro produz regozijo, paz mental e traz um funcionamento harmonioso para os órgãos, além de rejuvenescer as células.

23.1 – Frases sobre a saúde e o rejuvenecimento das células

- "O sol, a água e o exercício conservam perfeitamente a saúde, nas pessoas que gozam de uma saúde perfeita." – Noel Clarasó (1905 a 1985), escritor espanhol.
- "O segredo para ter boa saúde é que o corpo se agite e que a mente repouse." – Vincent Voiture (1597 a 1648), poeta francês.
- "Os médicos trabalham para conservar-nos a saúde, e os cozinheiros para destruí-la, mas esses últimos estão mais seguros de lograr seu intento." – Denis Diderot (1713 a 1784), escritor francês.
- "Come pouco e ceia menos, que a saúde de todo o corpo se configura na oficina do estômago." – Miguel de Cervantes (1547 a 1617), escritor espanhol.
- "Se quiseres se desfazer de uma enfermidade, haja como se ela não existisse, e não deixe que esse pensamento te abandone nunca." – Sonia Regina Gomes (1957-), psicóloga e escritora brasileira.
- "A felicidade, para mim, consiste em gozar de boa saúde, em dormir sem medo e despertar-me sem angústia." – Françoise Sagan (1935 a 2004), escritora francesa,
- "Não troques a saúde pela riqueza, nem a liberdade pelo poder." – Benjamin Franklin (1706 a 1790), estadista e cientista norte-americano.

23.2 – Meditação para atrair a saúde e o rejuvenecimento das células

PROCEDIMENTOS

- Utilizar incenso de sua preferência e música para relaxamento.
- Fazer o *mudra* conhecido como *Garuda*: mãos abertas, palmas voltadas para o corpo, dedos polegares entrelaçados. Ativa a circulação sanguínea, revitaliza os órgãos e equilibra as energias. Ajuda nas doenças do estômago e dificuldades respiratórias, ainda traz elasticidade e brilho à pele.

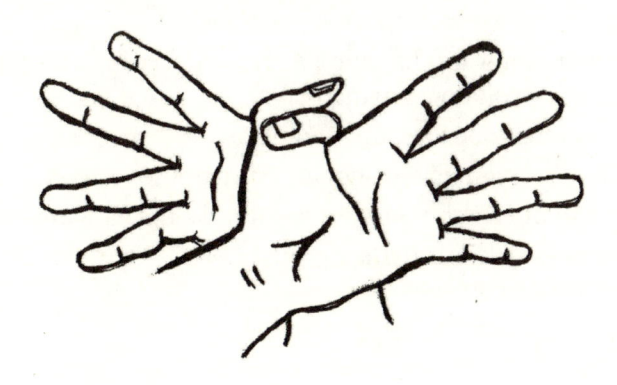

DESENVOLVIMENTO

- Recitar o *mantra* **OM RAM RAMAYA NAMAHA** por três vezes, pausadamente. Fazendo a evocação da energia de cura.

O Chamado

Desejo pôr em prática um sistema para melhorar minha saúde.

Meu corpo se deteriora a cada dia pela doença.

E eu permito a entrada de germes nocivos.

Pedirei à lei da atração que me dê a sabedoria para escolher meus alimentos.

Moderarei meus gostos e meu apetite.

Não quero me deformar pela ação das gorduras e das comidas tóxicas.

Quero viver muitos dias mais.

A saúde é um complemento da felicidade. E hoje proponho-me a mudar minha alimentação.

Comerei verduras dos campos e frutas das árvores.

Quero desintoxicar meu corpo, serei moderado.

Caminharei, exercitar-me-ei, respirarei o ar puro para manter-me com prana.

Não abusarei dos alimentos, a cada dia me alimentarei de forma mais saudável.

Quero pedir à lei da atração que me dê forças para comer somente alimentos puros e frescos.

Afastarei de meu prato tudo o que for prejudicial para minha saúde.

Assim, manter-me-ei em meu peso ideal.

A partir de agora serei uma pessoa seleta.

E verei como minha pele se rejuvenesce, meu sangue e meus músculos voltam à normalidade.

Afastarei as doenças, uma por uma.

Cultivarei plantas medicinais, estudarei sobre elas.

E me manterei com saúde, preparando-me para uma vida longa.

Equilibrarei as proteínas e buscarei as vitaminas apropriadas para manter-me saudável.

Todo o meu corpo refletirá saúde.

Sei que a lei da atração me concederá esse privilégio para que meus neurônios se nutram com uma alimentação balanceada.

Tudo isso me torna mais humano, mais espiritualizado.

Devo graças ao Criador.

24 – A Configuração dos Estados Depressivos

A depressão é uma doença psicossomática que atinge a psique e desestrutura a mente; por sua vez, ao irradiar energia negativa, desequilibra os sistemas nervoso central, endócrino e imunológico, causando no corpo várias doenças.

Esse mal acompanha o ser humano no decurso dos tempos e é uma doença que provoca intenso sofrimento psicofísico, podendo causar até o suicídio. Atinge as pessoas, independentemente do *status* social, raça, sexo, cultura ou idade.

Não se deve confundir depressão nem com tristeza – algo normal que todos sentem e é passageira – nem com transtorno bipolar, que alterna episódios eufóricos com episódios depressivos.

As repetições de episódios de depressão podem perdurar por dias, meses ou anos. Uma crise depressiva pode durar minutos, horas ou o dia todo, constituindo o chamado transtorno depressivo recorrente. É um estado de ânimo que deixa a pessoa frequentemente desanimada, deprimida, apática, sem energia ou motivação para coisa alguma. A pessoa torna-se insatisfeita, insegura, preocupada com tudo: é negativista.

Quanto aos transtornos de humor, variam mais e duram mais no deprimido. A reação ao estresse é mais intensa, tudo é complicado e difícil de resolver. O deprimido vive o tempo todo se lamentando; em nada sente prazer e prefere ficar sozinho a ter companhia. Já o tristonho normal, apesar de seu estado, procura conversar, sair da rotina, distrair-se, buscando sempre a companhia de outras pessoas.

A depressão provoca mau humor, irritação, queda da concentração no trabalho e na qualidade de vida, além de muito sofrimento que foi intensificado com a vida moderna, em que o homem deixa de privilegiar o ser em detrimento do ter.

Vivemos em uma sociedade em que o ser humano vê o outro como mais um concorrente. Ainda, que o faz dormir e acordar com medo para enfrentar o novo dia devido à falta de segurança gerada pelos vários desequilíbrios, entre eles: socioeconômicos, baixos salários, medo do desemprego, frustrações e violência nas ruas.

Esse modo desumano de vida faz com que o indivíduo viva sob constante tensão, com angústias, inseguranças e com medo, situações estas que, quando não são bem administradas, acabam gerando estresse, ou ainda quadros mais graves, gerando a síndrome do pânico ou a depressão.

24.1 – Frases sobre a depressão

- "A depressão é a inabilidade para construir um futuro." – Rollo May (1909 a 1994), psicólogo existencialista norte-americano.
- "A depressão é alimentada devido a feridas não curadas." – Penelope Sweet (1957 a 1980), terapeuta inglesa.
- "A depressão é inércia." – Wayne Dyer (1940-), conselheiro de autoajuda e escritor norte-americano.
- "A coragem não é a ausência do medo, senão a habilidade para enfrentá-lo." – John Putnam (1580 a 1662), historiador norte-americano.
- "A barreira maior do êxito é o medo da derrota." – Steven Goran (1948-), treinador sueco de futebol.
- "A tristeza é um dom do céu, o pessimismo é uma enfermidade do espírito." – Amado Nervo (1870 a 1919), poeta mexicano.
- "Estás triste? Busca outra pessoa triste para aconselhá-la, encontrarás a alegria." – Rabindranath Tagore (1861 a 1941), dramaturgo indiano.
- "Dentro de ti há uma poderosa força que, uma vez desencadeada, pode fazer teus sonhos e desejos mais atrevidos em realidade." – Anthony Robbins (1960-), escritor de motivação e autoajuda norte-americano.
- "A tristeza da separação e da morte é o maior dos enganos." – Mahatma Gandhi (1869 a 1948), líder espiritual indiano.
- "A depressão instala-se, pouco a pouco, porque as correntes psíquicas desconexas que a desencadeiam, desarticulam vagarosamente o equilíbrio mental. Todos os males que infelicitam o homem procedem do espírito que ele é, no qual se encontram estruturadas as conquistas e as quedas no largo mecanismo da evolução inevitável. Da alma procedem

as realizações edificantes e os processos degenerativos que se exteriorizam no corpo." – Joanna de Ângelis, espírito que dita ensinamentos ao Espiritismo.

24.2 – Meditação para a saída de estados depressivos e depressão

PROCEDIMENTOS

- Utilizar incenso de sua preferência e música para meditação.
- Fazer o *mudra* conhecido no Hinduísmo como *Chin*: dedo polegar de cada mão sobre o respectivo dedo indicador, o restante dos dedos estirados e voltados para o chão. Auxilia a equilibrar as energias do corpo, sendo útil nos estados depressivos ou eufóricos.

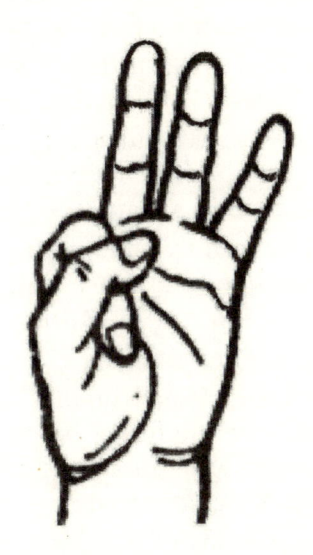

DESENVOLVIMENTO

- Iniciar recitando, três vezes, o *mantra* **OM GUM GURUH HYO** (lê-se byo) **NAMAHA**, para remover obstáculos do caminho da nossa mente.

O Chamado

Quero que o universo dimensional escute meu pedido. E clamo a viva voz e com a força de meu coração.

Quero sair da situação caótica em que me encontro, quero sair dos estados depressivos, pois desejo voltar a viver.

Quero que as incertezas e mediocridade em que me encontro não atinjam minha saúde nem minha razão.

Quero ter a clareza suficiente para julgar a mim mesmo, quero aprofundar-me para buscar o porquê de meu sofrimento.

Ó manancial divino, que atrais para ti nosso pensamento e nos coloca a andar no meio da roda dos acontecimentos.

Peço-te que se afastem de mim essas ideias errôneas de minha consciência, e, se for possível, despeje acontecimentos e traumas de meu subconsciente.

Peço-te, ó misericordiosa força vibracional, bane os maus pensamentos de minha mente, não quero martirizar meus neurônios com necessidades inoportunas. Eu tenho tudo, sou um ser autônomo, mas dentro de mim há uma pobreza de espírito que adoece minha alma, como a traça na madeira.

Hoje serei livre e conduzirei meus pensamentos com entusiasmo. Terei fé no que farei, aceitarei minhas limitações com valentia.

Se tiver dívidas as pagarei, nunca me esquivarei dos devedores, enfrentá-los-ei. Assim, meu coração ficará mais sossegado e a força da atração me dará a segurança no presente.

Se viver aflito por meu trabalho, tornar-me-ei calmo e aprenderei a conformar-me com pouco. Admitirei minhas próprias ideias e serei claro, não temerei as fofocas e os invejosos.

Não subestimarei meus inimigos.

Tenho de recordar que serei simples como a água que corre. Assim, me conduzirei de forma limpa, clara, cristalina, e me protegerei com uma aura dura e radiante, a fim de evitar que meus pensamentos captem o mal.

Somos instrumentos do que pensamos, pois agora vou ser feliz, porque deixarei que a força dimensional injete vitória em minhas ideias. Assim, poderei vencer o mau ânimo e o estresse que me sujeitam dia a dia.

O medo não poderá corromper minha alma nem meus pensamentos, vencê-lo-ei e seguramente o destruirei.

Serei valente, emboscarei quem invista contra mim e investirei em quem me quiser e serei temido e respeitado. Porém farei tão delicadamente que não machucarei ninguém.

Quero ter um estado de ânimo alegre e sorrirei.

Quero ter um estado de ânimo que me ajude a fazer amigos.

24 – A Configuração dos Estados Depressivos

Hoje serei jovem de ânimo e farei brincadeiras, sou um lutador indomável.

A única coisa que posso temer é a mim mesmo, mas, quando o eu interior é controlado, se conquista o mundo. E meu eu interior tem de aprender a perdoar, já que a lei da atração funciona dessa maneira.

Sim, perdoarei quem me ofende e faz fofoca de mim. É uma má estratégia pensar como meus inimigos. Os inimigos, hei de amá-los, bem ao contrário do que eles sentem por mim. Esse é o grande segredo.

Dar e não pedir nada em troca.

Vencerei meus pensamentos.

Agora, romperei o gelo, terei a temperança para reconhecer que o que penso me faz bem.

- Quero que este *mudra* e este *mantra* maravilhoso **OM GUM GURUH HYO NAMAHA** explorem meus sentidos e me deem uma calma incrível. Recitá-lo por alguns instantes.

Mas também, serei grato ao meu cérebro, por deixar-me lembrar de coisas boas.

Serei agradecido a mim mesmo, porque tenho coisas que outros não têm. Tenho vida e sou um ser criado, não há ninguém como eu no Universo e sou grato.

Quanto tempo perdido pensando em desgraças. Se em todo esse tempo perdido tivesse estudado algo de que gostasse, o tempo estaria invertido.

Por isso devo me envergonhar de mim mesmo, estou fazendo ridículo nesta vida em pensar em meu estresse, em mim, somente em mim.

Agora, quero abrir os olhos e olhar para a frente, quero sair dessa solidão.

Quero sair, de uma vez, desses estados depressivos.

Vou vencer, sim, sei que o conseguirei. Faço-me forte, empunho minha espada e a dirijo, passo adiante.

25 – Energias Cósmicas

As energias cósmicas também são conhecidas por outros nomes, como: bioenergia, força vital, éter do espaço, etc.

É o princípio vital que gera, mantém e modifica tudo no Universo e está em todos os planos de manifestação.

A física descreve a existência de dois tipos de energia: a densa (matéria) e a radiante (som, calor, luz, etc.).

Assim, os estudos no campo das energias deduzem que matéria é a energia em estado de condensação e energia é a matéria no estado radiante; ambas são energias, porém em estados diferentes.

Os estudiosos orientais dividem a energia cósmica em três grupos: a Energia Fohat (eletricidade) é a energia transformada em calor, luz, movimento, som; a Energia Prana (vitalidade) é aquela que coordena as moléculas e as células de um organismo definido. Ou seja, é a energia vital que mantém o corpo vivo e saudável, é a força da vida; e Energia Kundalini (fogo serpentino), energia primária, estruturadora das formas, originária do centro da Terra.

A energia cósmica pode ser acumulada por alguém que treine para esse intento. E também pode ser transmitida a outra pessoa ou matéria. Nesse sentido, pode acumular qualidades a ser transmitidas ou em benefício próprio, estabilizando seu estado vibracional. E pode, ainda, adotar uma diversidade de manifestações, podendo ser mobilizada pela vontade.

Entretanto, está sempre imbuída das polaridades positiva e negativa (yin e yang), o que no conceito oriental representa o equilíbrio de forças opostas e complementares. Eles dizem que a saúde depende dessas forças opostas que geram a energia vital para a vida.

E quando essa corrente de vida torna-se enfraquecida e parcialmente bloqueada, gerada algumas vezes por desequilíbrios emocionais, acarreta no corpo o cansaço e, em casos mais graves, o estresse, entre outros sintomas.

25.1 – Frases sobre a energia cósmica

➤ "Podemos facilmente perdoar uma criança que tem medo do escuro; a real tragédia da vida é quando os homens têm medo da luz." – Platão (427 a.C. - 347 a.C.), filósofo grego.
➤ "A luz purifica a quem de verdade se arrepende de seus pecados." – Anônimo.
➤ "Todo ser humano tem dentro de si a energia vital e divina, todavia poucos sabem utilizá-la ou a utilizam devidamente." – Leon Frejda Szklarowsky (1932 a 2011), advogado e escritor brasiliense.
➤ "Trabalho e lazer são a mesma coisa. Quando você está seguindo sua energia e fazendo o que você quer o tempo todo, a distinção entre trabalho e lazer desaparece." – Shakti Gawain (1948-), escritora norte-americana.
➤ "Que teu corpo e tua alma vital estejam unidos em um abraço sem separação." – Lao Tsé (VI a.C. a IV a.C.), pensador chinês.
➤ "O sorriso é uma verdadeira força vital, a única capaz de mover o imóvel." – Orison Swett Marden (1850 a 1924), pensador americano.
➤ "Quanto mais confiemos em seguir a força vital, mais são e vital se tornará nosso corpo e nossa mente. Vivendo como um canal para a energia do Universo, podemos nos tornar mais vivos, formosos e cheios de energia com os anos, em lugar do contrário." – Shakti Gawain.

25.2 – Absorção de energia cósmica – Meditação

PROCEDIMENTOS

- Utilizar incenso de sua preferência e música suave.
- Fazer o *mudra* conhecido para a captação de energias universais: abrir os braços ao lado do corpo, cotovelos levemente flexionados, palmas das mãos voltadas para cima, dedos juntos. Pode realizar essa postura em pé ou sentado, em forma de lótus, com as pernas cruzadas. Traz benefício para a saúde do corpo físico, como também para os corpos sutis ou energéticos.

DESENVOLVIMENTO

- Iniciar recitando o *mantra* **OM MANI PADME HUM** três vezes, para a absorção de boas energias cósmicas, livres das imperfeições.

O Chamado

Quero pedir que todo o meu ser atraia energias cósmicas nutritivas. Quero que meus chacras absorvam as vibrações sobressalentes do Cosmos, e me sobreponham aos embates das forças naturais.

Peço à lei da atração que essa energia nutritiva acione meus desativados neurônios e me faça sentir uma calma total, com paz e conforto.

Quero que essa energia lave meus chacras e limpe qualquer energia intrusa que houver.

Desejo que todo o meu campo áurico esteja brilhando, porque quero encontrar a luz para alimentar meu canal energético dessa resplandecência.

Quero transfigurar-me e ver como pequenas partículas de meu corpo vão se sanando.

Quero que essa energia invada todo o meu ser e estimule meus *nadis* e meus chacras, e que fique aderida ao meu organismo, mantendo-me são. E que os resíduos negativos possam retornar e ser transmutados pela mesma Terra.

Quero respirar vida, transmutar com essas forças cósmicas.

Quero sentir minha alma e meu espírito mais fortalecidos ainda.

Quero que minha força mental vá aumentando, conforme a energia cósmica vá abastecendo meu corpo, limpando e nutrindo, tornando-se importante para minhas células, para meus *nadis* cerebrais.

Para poder meditar com satisfação e, sobretudo, purificar-me.

Sim, desejo pedir ao Universo dimensional um atributo. E quero fazê-lo repleto de sua energia cósmica, pois, dessa forma, fará com que meus pedidos sejam cumpridos, possibilitando que a envoltura de minha irradiação áurica viaje a destinos desconhecidos por mim.

Quero tornar-me um receptáculo imaculado, adquirir a vibração de um ímã e atrair do Universo o bom. E cada partícula de meu ser será trocada e será limpa.

Quero que essa energia avance por minha glândula pineal no topo da cabeça e que vá fazendo o percurso por meu organismo e se transmute pelas plantas dos pés, até chegar à terra. Depois, quero que essa energia retorne por meus pés, realizando o percurso inverso, em direção ao Cosmos.

É assim que me converterei em mediador do Cosmos e da Terra. Isso é verdadeiramente substancial e modificador, já que o sentimento de amor do Cosmos é atraído para ser depositado na Terra.

Assim, serei sanado, limpando meu campo eletromagnético do corpo e da aura.

Ao sanar-me, energeticamente criarei um novo balanceamento de energias de forças vitais, limpando-me das toxinas e das energias estagnadas.

Quero que a energia cósmica do sol e dos planetas invada meu corpo. Sim, sinto que estou absorvendo o nutritivo, o néctar da vida.

26 – Yin-Yang: A Busca pelo Equilíbrio

A teoria da polaridade universal Yin e Yang teve sua origem na velha China, por volta de 700 a.C., quando os chineses observaram que tudo no Universo podia ser classificado em categorias distintas, embora interligadas. Também perceberam que tudo está sempre em processo de mudança, em estado cíclico.

Essa polaridade é mais conhecida como a dualidade que rege o Universo, em que os antagonismos são complementares e não existem duas coisas absolutamente iguais. Os "opostos complementares" são utilizados em toda a filosofia chinesa na observação e análise do mundo.

O nome do símbolo que representa o Yin Yang é Tai Chi Tsun. O lado escuro, negativo, é simbolizado pelo *yin* e o lado claro, positivo, é *yang*. A palavra negativa, nesse contexto, refere-se a um tipo diferente e complementar de energia, isto é, não existe nada de ruim no negativo. Por exemplo, para um aparelho elétrico funcionar, precisa estar ligado na tomada com um polo negativo e outro positivo, do contrário o aparelho não funcionaria.

Nesse sentido, pela observação do símbolo, podemos ver que o *yin* está dentro do *yang*, e vice-versa, demonstrando que nada é absoluto e sim relativo. Essa teoria, então, considera o mundo como um todo resultante da unidade contraditória dos dois princípios: *yin* e *yang*.

O Yin-yang possui qualidades contrárias que se complementam e permitem a coexistência do fenômeno oposto. Como princípios fundamentais, o *yang* é claro, alto, forte, quente, seco, masculino, dia, sol. O *yin* é o contrário: escuro, baixo, fraco, frio, úmido, feminino, noite, lua. A oposição entre eles generaliza a contradição e a luta entre duas qualidades opostas dentro de um fenômeno para manter o equilíbrio.

Entretanto, quando se perde o balanceamento relativo entre o *yin* e o *yang*, surge o excesso ou a deficiência, ocasionando desequilíbrios e convertendo-se em fator de enfermidades, as quais podem estar relacionadas em todos os aspectos da pessoa.

Ainda, para a medicina chinesa, a fixação na polaridade *yang* pode redundar em hiperatividade, excitação; enquanto o desequilíbrio pela deficiência *yin* pode levar a uma hipoatividade e inibição da personalidade. Assim, pode-se considerar que o excesso de *yang* leva à diminuição do *yin*, e vice-versa.

O que se pode assinalar é que, para a medicina chinesa, a mutação ou intertransformação sempre determinará trocas qualitativas, e que o estado constante de equilíbrio dinâmico, inerente, é fundamental para a manutenção da saúde, assegurando o desenvolvimento e as mudanças normais dos fenômenos.

Como em um antigo livro chinês que diz: "depois do movimento deve haver quietude; *yang* se transforma em *yin*". Quando uma coisa chega ao limite, é inevitável uma mudança em direção oposta.

26.1 – Frases sobre o equilíbrio dos opostos

➤ "A vida não é aceitável a não ser que o corpo e o espírito vivam em boa harmonia, qual é a condição se não houver um equilíbrio natural entre eles e não experimentarem um respeito natural um pelo outro." David Herbert Lawrence (1885 a 1930), escritor inglês.
➤ "Mais conta manter o equilíbrio da liberdade que suportar o peso da tirania." – Simón Bolívar (1783 a 1830), libertador militar.
➤ "O equilíbrio do imperfeito é o que faz este Universo perfeito." – Anônimo.
➤ "A valentia é uma falta de imaginação; a covardia, um excesso dela. O equilíbrio se chama prudência." – Anônimo.
➤ "A política é um ato de equilíbrio entre pessoas que querem entrar e aqueles que não querem sair." – Jacques-Bénigne Bossuet (1627 a 1704), pensador francês.
➤ "O equilíbrio é a consideração mais importante da posição em guarda." – Bruce Lee (1940 a 1973), professor chinês de artes marciais.
➤ "A função principal dos sonhos é tentar restabelecer nosso equilíbrio psicológico." – Carl Jung (1875 a 1961), psiquiatra suíço.

➤ "Não há nenhum segredo no equilíbrio. A única coisa de que necessitas é sentir as ondas." – Frank Herbert (1920 a 1986), escritor norte-americano de ciência e ficção.

26.2 – Meditação para o equilíbrio Yin-yang

PROCEDIMENTOS

- Utilizar incenso de sua preferência e música relaxante.
- Fazer o *mudra* conhecido como *Atmanjali*: com as mãos em postura de oração, na frente do corpo, os dedos juntos e as palmas das mãos apertadas e juntas, neutralizando e equilibrando *yin* e *yang*, para centrar-se.

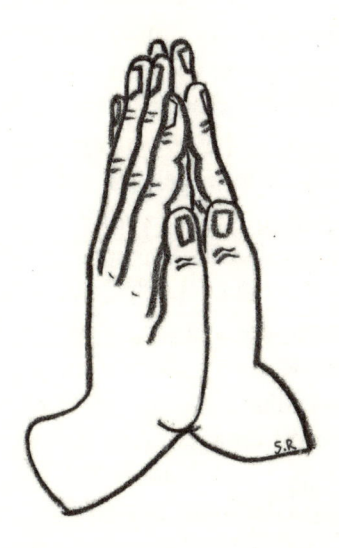

DESENVOLVIMENTO

- Iniciar recitando, três vezes, o *mantra* **GATE GATE PARAGATE PARASAMGATE BODHI SWAHA**, entrando completamente nessa vibração. Serve para equilibrar as qualidades *yin* e *yang*. É conhecido como sutra do coração e desperta em nós o verdadeiro amor e a sabedoria eterna.

O Chamado

Quero, por meio do *Yin-yang*, do equilíbrio universal das forças cósmicas, que me seja permitido viver com plenitude minha vida.

Quero e peço solenemente à lei da atração que conduza, para o meu ser, essas qualidades centrípetas e centrífugas que emanam das coisas em formação.

Quero acoplá-las ao meu estilo de vida e quero moldar meus pensamentos, para que se mantenham centrados, em um só propósito de cada vez.

Peço que os ganhos e perdas nos acontecimentos em minha vida ensinem-me a despojar-me de pensamentos martirizantes, os quais fazem de minha vida um beco sem saída.

Desejo que meus pensamentos e sentimentos circulem tranquilos, sem oposições de nenhuma índole, ou que incorram em polaridades que me façam ficar fixada em uma condição ou conduta, que desequilibrariam meu direcionamento de vida.

Necessito explorar meus sentidos, e que estes se entrelacem com o mágico movimento criador do Yin-yang.

Sei que posso conseguir, sei que essa atração está em mim e o segredo é deixar-me fluir, gradativamente, tendo paciência.

Estarei sempre vibrando pelo positivo; mesmo que me encontre em problemas, não deixarei que o negativo invada minhas ações. Porém devo aceitar o negativo, para a transmutação da energia.

Quero orientar-me até o infinito e o efêmero, não posso me perder no percurso, sei que o bem e o mal estão unidos por um elo. Se fizer algo prejudicial, sei que me atingirá.

Assim, vou determinar a natureza de meu desequilíbrio. Sei que qualquer interrupção no fluxo do Yin-yang pode me trazer confusão e problemas de saúde, ansiedade.

Quero evitar uma superponderância do *yin*, pois esta me fará sentir débil, deprimido, sem vontade para a vida e me trará enfermidades que não desejo ter.

Por outra parte, procurarei evitar o acúmulo demasiado das qualidades *yang*, para não me tornar uma pessoa agitada, hiperativa, com insônia e dores de cabeça, desenvolvendo mazelas que não quero para mim.

Peço ao Universo dimensional e à lei da atração que evitem, em mim, o desequilíbrio dessas polaridades.

Quero que a qualidade *yang* faça brilhar meu espírito e mantenha-me sempre em ascensão em meus estudos ou em meu trabalho.

Quero que a qualidade do *yang* me esclareça muitas dúvidas e mistérios filosóficos.

Quero ascender com o *yang* até converter-me em uma luz.

E sonharei com o *yin* para que conserve meus bons costumes e não descenda à iniquidade.

- Medite, agora, para que o lado *yin* de seu cérebro atue com ligeireza, utilizando o lado *yang* como impulso, em perfeita harmonia, desejando que as qualidades *yang* predisponham-no para a atividade e ofereçam trabalhos de superação pessoal.

Por isso, peço à força suprema que move as qualidades *yin* e *yang* que me protejam e que cuidem de meu estado evolutivo atual.

Sei que posso conseguir e verei abertos meus caminhos. E serei o responsável por meus atos futuros.

Aprenderei com meus erros, porque eles me ajudarão a chegar à relativa felicidade.

A felicidade é o equilíbrio mental de meu ser. É a calma adormecida. É o tigre selvagem que busca sua presa.

Assim, buscarei meu equilíbrio com sabedoria.

Necessito adquirir um conceito homogêneo do bem e do mal, para assim poder avaliar, satisfatoriamente, os que me ofendem.

Sem essa metodologia, minha vida carecerá de alternativas.

Sei que a luz criará um vínculo permanente com meu ser, e desejo que se propague sem interferências.

Quero que meu chamado chegue à grande Consciência Divina.

Assim, poderei desligar minhas ataduras e deixá-las para trás.

E que esse chamado se precipite por si só, sem interferência, com o equilíbrio e o amor de sua própria dualidade.

27 – Proteção contra a Inveja

Os invejosos são pessoas que tentam destruir a autoestima dos demais. Quem fala mal de alguém, provavelmente não tem nada para dizer de si mesmo.

Aquele que é invejoso sempre encontra algum defeito, inventa ou imagina coisas para ofuscar a outra pessoa. Fica incomodado com cada conquista que o outro tem.

Ainda, quando tem a oportunidade de fazer o outro se sentir mal ou prejudicar, faz sem a menor culpa.

Mesmo que venha contrapor com o que está sendo dito, por nenhum motivo se sentirão afetados por suas palavras. Recorde-se que eles estão contra aquele que é feliz. Por conseguinte, não se deixe contaminar por esse tipo de pessoa, simplesmente siga sua vida e não se preocupe.

E para evitar esse sentimento, é aconselhável que você seja alguém simples. Por mais virtudes e riquezas que você possua, não as afronte com os demais. Existem pessoas que se exibem em demasia, compram luxos e aparentam felicidade. Seja modesto para que os outros vejam que lhe custou trabalho e economias para ter o que tem. Deixe o exibicionismo de lado.

Afaste-se, também, de pessoas que são dependentes de você. Aquele tipo de amigo que sempre tem um problema e sempre busca sua ajuda. Frequentemente se queixam de seu infortúnio, em vez de eles mesmos fazerem algo para mudar suas vidas. No final, eles absorvem toda a sua energia e deixam-no esgotado. É bom ajudar, mas também é bom ensinar à outra pessoa a cuidar de si mesma.

Ainda, há outro grupo de pessoas que são assinaladas como cínicas. Sempre têm algo mau a dizer do restante e aparentam ser amigos de todos. São reconhecidos ao estarem sempre falando mal dos demais, inclusive de seus amigos, e o fazem com crueldade. São pessoas igualmente pouco confiáveis.

27.1 – Frases sobre a inveja

- "Castiga os que têm inveja fazendo bem-feito." –Provérbio árabe.
- "O silêncio do invejoso está cheio de ruídos." – Khalil Gibran (1883 a 1931), novelista libanês.
- "Ninguém é realmente digno de inveja, e tantos são dignos de lástima." – Arthur Schopenhauer (1788 a 1860), filósofo alemão.
- "Quem é um invejoso? Um ingrato que detesta a luz que o ilumina e o esquenta." – Victor Hugo (1802 a 1885), novelista francês.
- "Cuide para não invejar a ninguém, pelo contrário, alegre-se e felicite-os honradamente, e sem se dar conta você se encherá de sabedoria." – Sonia Regina Gomes (1957-), psicóloga e escritora brasileira.
- "A inveja e o ódio vão sempre unidos e se fortalecem reciprocamente pelo fato de perseguirem o mesmo objeto." – Jean de La Bruyère (1645 a 1696), escritor francês.
- "Enquanto o homem abandona a inveja, começa a preparar-se para entrar no caminho da luz." Wallace Stevens (1879 a 1955), poeta norte-americano.
- "A inveja é mil vezes mais terrível do que a fome, porque é fome espiritual." – Miguel de Unamuno (1864 a 1936), filósofo e escritor espanhol.

27.2 – Meditação para se proteger contra a inveja, energizando nosso círculo protetor

PROCEDIMENTOS

- Utilizar incenso de sua preferência e música relaxante.
- Fazer o *mudra* conhecido como *Abhaya*: mão direita na frente do corpo com a palma voltada para fora, dedos levantados e sem forçar a mão. A mão esquerda descansa sobre o coração. Esse é o gesto da proteção, ajudando a superar o obstáculo da inveja e a energizar nosso círculo protetor.

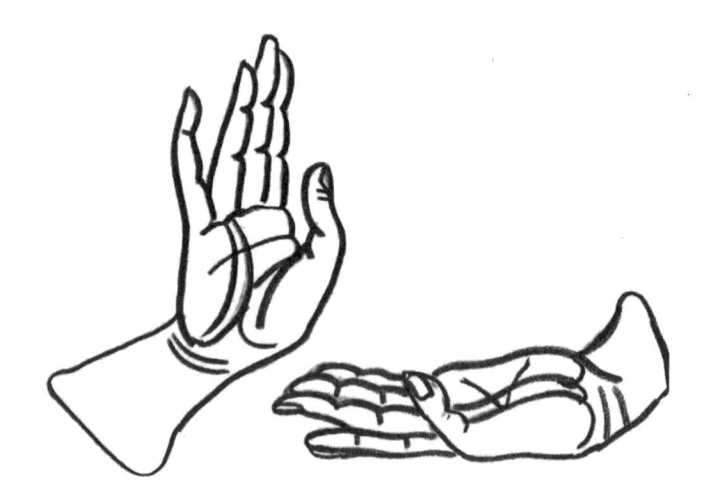

DESENVOLVIMENTO

- Recitar três vezes o *mantra* **SHANTE PRASHANTE SARVA MATSARYA**, para a proteção contra a inveja.

O Chamado

Energizarei meu círculo de proteção e o visualizarei como uma grande massa de luz que cobre meu campo áurico.

E agora, pedirei à lei da atração para que esse círculo que criei me proteja de toda a maldade, de toda pessoa traiçoeira e invejosa.

Que me proteja dos aduladores e das forças do mal.

Afastar-me-ei dos falsos amigos que querem se aproveitar da nobreza de meu coração.

Quero abrir meus olhos e ver quem é meu inimigo, para não dar-lhe importância.

27 – Proteção contra a Inveja

Desejo ser forte de caráter para conseguir esse intento.

Quero que a energia vibracional do Universo escute meu chamado, quero ser protegido da inveja das pessoas, quero afastar o mal.

Meu círculo protetor se ilumina como uma centelha e me iluminará contra as opressões das pessoas.

A partir de hoje buscarei novos amigos, depreciarei os vulgares e ruidosos, já que destes nasce o mal.

Buscarei amigos que possuam princípio moral, que sintam vergonha somente de pensar em fazer o mal.

Afastar-me-ei das pessoas que, por seus problemas, sugam toda a minha energia.

Hoje meu círculo protetor irradiará força e terá a consistência do aço para proteger-me.

Fiz o chamado, e sei que a grande roda dimensional vai prover-me de tudo o que necessito.

Quero ser invisível diante das intrigas de pessoas invejosas, quero estar livre dos olhares, das fofocas.

Desde agora, eu também moderarei minha língua, não falarei mal dos outros. Não serei vaidoso nem exibicionista.

Vestir-me-ei com sobriedade, não transparecerei diante de pessoas pobres de espírito, tampouco falarei de minhas riquezas para quem não possui nada.

Terei cuidado com as pessoas que falam mal dos outros. Terei cuidado com as pessoas egoístas e cruéis, não levarei em conta seus falatórios.

E para fortalecer ainda mais meu círculo de proteção, afirmo que não falarei mal das pessoas, que respeitarei o ignorante e o mendigo.

E estarei em paz, com Deus.

28 – Para Atrair Boas Amizades e Companhias

A amizade é um vínculo criado que nos proporciona a possibilidade de compartilhar experiências.

O bom amigo não anula o outro, mas o potencializa, é seu companheiro e um facilitador de muitas possibilidades. Sofre quando você sofre e se alegra com sua alegria. Não é invejoso nem prepotente, sequer se aproveita de você.

Uma amizade não se impõe, e requer esforço e conquista diária para mantê-la. É uma relação entre iguais, com alguma característica em comum. Não se centra nas qualidades, mas em como é enquanto pessoa, que qualidades tem, que sentimento provoca.

Não é uma questão de simpatia, mas de empatia: capacidade para compreender e compartilhar alegrias e tristezas e se colocar no lugar do outro. O verdadeiro amigo sabe tudo sobre você e o quer como você é. Implica lealdade e confidencialidade, sinceridade e confiança mútua.

Existe um provérbio que diz: aquele que busca um amigo sem defeitos fica sem amigos. Nesse sentido, a amizade sincera é recíproca, ambos se enriquecem nessa relação, crescendo e aprendendo entre si.

A sinceridade, a generosidade, o afeto mútuo são as bases para a construção de uma amizade, que vai se consolidando com o tempo, para uma inter-relação sã e construtiva. A comunicação sem armadilhas nem exigências, a entrega mútua sem egoísmo, a preocupação com o outro, a paciência, o respeito pelas ideias, o saber escutar, o perdoar, são qualidades imprescindíveis para o fortalecimento de uma boa amizade, que pode perdurar independentemente do tempo e da distância.

28.1 – Frases sobre a boa amizade

- "Companheirismo nem sempre é amizade, mas amizade sempre é companheirismo." – José Norosky (1930-), escritor argentino.
- "A amizade é uma alma que habita dois corpos; um coração que habita em duas almas." – Aristóteles (384 a.C. a 322 a.C.), filósofo grego.
- "Amizade e dinheiro: o azeite e a água." – Mario Puzo (1920 a 1999), novelista italiano.
- "A amizade não pede nada em troca, salvo manutenção." – Georges Brassens (1921 a 1981), compositor e cantor francês.
- "Cada novo amigo é um pedaço reconquistado de nós mesmos." – Cristian Friedrich Hebbel (1813 a 1863), poeta alemão.
- "Quando as pessoas dão uma mão, a vida adquire sentido." – John Gardner (1926 a 2007), literato inglês.
- "Deus não criou fronteiras, meu objetivo é a amizade com o mundo inteiro." – Mohandas Karamchand Gandhi (1869 a 1948), líder pacifista indiano.
- "O amigo fiel é um refúgio seguro, e aquele que o encontra tem um tesouro." – *Bíblia* – Eclesiásticos, 6:15.
- "Se um dia te fizerem chorar, chama-me; não prometo fazer-te rir, mas posso chorar contigo." – Anônimo.
- "Tirar a amizade de sua vida é como tirar o Sol do Universo." Cícero (106 a.C. a 43 a.C.), orador e filósofo romano.

28.2 – Meditação para atrair boas amizades e companhias

PROCEDIMENTOS

- Utilizar incenso de sua preferência e música suave.
- Fazer o *mudra* conhecido como *Shunya*: dobrar o dedo médio de ambas as mãos, segurando-os suavemente com o dedo polegar; o restante dos dedos estendidos. Estimula a abertura de sua capacidade de escuta e compreensão sobre mensagens de sua alma, que dizem respeito a si mesmo e sua vida, melhorando sua compreensão das relações pessoais, quer seja de amor ou amizades.

DESENVOLVIMENTO

- Recitar, três vezes, o *mantra* **OM HRAUM MITRAYA NAMAHA**, fazendo a evocação para que a luz da amizade brilhe por todo o seu ser, atraindo para si pessoas dignas.

O Chamado

Peço à lei da atração que me faça conhecer boas amizades.

Quero que estas se projetem diante de mim e gostem de ser meus amigos, porque a amizade é o primeiro caminho para o amor no gênero humano.

Peço à força dimensional que encontre bons amigos para mim e que, diante das tristezas, eles se deparem com felicidade e alegria.

28 – Para Atrair Boas Amizades e Companhias

Quero que essas almas nobres, que são os amigos, influenciem em minha segurança e me façam companhia.

Sei que neste momento solene, em que atinjo forças imensas e supremas, posso pedir o contato com seres nobres, para que abram seus corações para mim. E que juntos percorramos aventuras alegres e momentos de sossego.

Meu coração se abrirá para essas magnitudes.

Imagino estar rodeado de amigos e amigas. Não me sentirei isolado se eles me buscarem.

Hoje acenderei um fogo em minha alma, para encontrar amigos sinceros. E minha personalidade estará aberta para todas as pessoas que, como eu, também necessitem.

Quero despertar confiança, para que quando outros seres como eu precisarem de consolo, eu possa consolá-los.

Terei todo o tempo necessário para eles, para escutar seus problemas e ajudá-los. Brindá-los-ei com um sorriso amável e os ajudarei em seus nobres desejos e ambições.

Quero irradiar essa confiança a todos os seres sobre a face da Terra.

Sei que a lei da atração está escutando meu chamado e está elaborando o que minha mente e meu ser necessitam.

Quero que hoje minha personalidade brilhe como um diamante, e que as faces de minha personalidade se multipliquem; quero buscar amigos e apagar minha solidão.

Eles serão como o elixir da vida.

Quero passar momentos inesquecíveis com meus amigos; acariciá-los e beijá-los, quero contemplar as estrelas com eles. Contar sobre meus problemas e ambições para apaziguar o duro peso da vida.

Mas também quero ser amável com os que me sorriem diariamente; e eu me esquivo de seus olhares, talvez por orgulho ou desinteresse.

Quero agora amá-los e dizer que os quero, e que suas ofensas e hipocrisias não me fazem dano.

Quero ensiná-los a buscar a luz, porque hoje serei feliz e sorrirei.

Quero ter a força necessária para amar e sei que me abastecerei com a energia da atração.

- Para tal medito: e sinto como meu quarto chacra (cardíaco) abre-se imensamente para o mundo e seus seres. Existem cores amarelas e verdes que saem de meu chacra. Visualizarei até que se entrelacem com a roda dimensional.

Esta, agora, esta roda, canaliza estas cores, dependendo do pedido, e irradia uma luz branca, que sai da roda e penetra em meu quarto chacra. Deixarei que meu chacra se preencha dessa luz maravilhosa, porque está elaborando meu pedido e, por sua vez, tonifica os *nadis* desse centro de força, imantando de qualidades minha solicitação.

- Recite o *mantra* **OM HRAUM MITRAYA NAMAHA** algumas vezes e sinta, por meio do *mantra* e do *mudra*, como essa fascinante energia transita por seus *nadis*, e fará com que você descubra qualidade nos amigos que encontrar.

Sim, sei que estou convencido do processo.

Sim, sinto sua mudança, meu pedido é uma ordem que segue inexorável e mudará minha vida.

Agora, sinto-me com confiança, com disposição.

Sei que posso ser amigável com os demais, não me considero inferior.

Agora, agirei à minha maneira, e onde eu for as pessoas verão essa luz.

A luz do amor, a luz da confiança, a luz da plenitude.

29 – Purificação com a Energia Divina

Os sete raios são as forças criadoras do Universo, ou seja, as qualidades mais puras de Deus.

A energia de luz que provém de Deus é uma irradiação de cor branca, transparente e pura. Esta carrega em si todas as cores e qualidades do espectro da natureza. Já sabemos da relação existente entre tudo o que ocorre no microcosmo que tem igual correspondência no macrocosmo.

A luz divina que procede do Pai e da Mãe é de uma cor branca e se decompõe sob o prisma universal da luz do sol em diferentes cores. Essa energia chega até nosso sol principal orbitando o Sol físico.

Da mesma forma, a luz branca se decompõe espiritualmente, projetando-se até nosso planeta e demais planetas do sistema solar. Esses raios de luz são dirigidos pelo *logos* planetário, dos arcanjos solares, para que eles as distribuam aos seres do Universo.

Esses raios de luz, geralmente, ingressam por nossas cabeças pelo centro da coroa (sétimo chacra) e se acomodam em nosso coração. Esse processo alimenta e promove a chama energética trina em nosso centro da consciência do cardíaco (quarto chacra). É essa fabulosa energia de luz que mobiliza nossos corpos inferiores, dotando-os de vida.

Todos os seres estão conectados dessa maneira pelo Cosmos. Todos nos conectamos sistematicamente pelos raios de luz divina, que apresentam cores parecidas às que se encontram no nível físico. Os sete raios configuram os sete aspectos psicológicos que, no homem, chamamos consciência. Constituem e expressam todas as energias que circulam pelo planeta.

Assim como a luz se divide em sete cores, também o fogo solar de Deus divide-se em sete raios, que enchem de cor e vida todo o Universo criando as formas nas quais se manifestam o espírito divino.

Esses raios formam canais por onde flui tudo o que existe no sistema solar. Isso se aplica não só à humanidade, como também a todos os reinos por evolução. O raio cósmico ou divino, do qual procedem os sete raios, é o do amor e da sabedoria. Daí decorre a qualidade básica do nosso sistema solar, o qual pode ser chamado pelo sistema de amor universal.

Os sete raios compõem as diferentes manifestações do amor.
- O primeiro raio azul – é o amor que se manifesta como vontade e poder.
- O segundo raio dourado – manifesta-se como amor e sabedoria.
- O terceiro raio rosado – manifesta-se como inteligência ativa e adaptabilidade.
- O quarto raio branco – manifesta-se como harmonia, beleza e arte.
- O quinto raio verde – manifesta-se como ciência, inteligência concreta, sanação e música.
- O sexto raio rubi – é o amor manifestando-se como devoção e idealismo.
- O sétimo raio violeta – é o amor se manifestando como ordem, cerimonial.

29.1 – Frases sobre energia divina

➤ "A melhor maneira que o homem dispõe para se aperfeiçoar é aproximando-se de Deus." – Pitágoras (580 a.C. a 495 a.C.), filósofo e matemático grego.
➤ "Para os crentes, Deus está no princípio das coisas. Para os cientistas, no final de toda reflexão." – Max Planck (1858 a 1947), físico alemão.
➤ "Deus abençoa o homem não por tê-lo encontrado, mas por havê-lo buscado." – Victor Hugo (1802 a 1885), novelista francês.
➤ "A função da oração não é influenciar a Deus, mas especialmente mudar a natureza daquele que ora." – Soren Kierkegaard (1813 a 1855), filósofo e teólogo dinamarquês.
➤ "Deus não se vê nem se apalpa, mas se sente por meio do amor." – Sonia Regina Gomes (1957-), psicóloga e escritora brasileira de autoajuda.

➤ "A voz interior me diz que siga combatendo contra o mundo inteiro, ainda que me encontre só. Diz que eu não tema este mundo senão que avance, levando em mim nada mais que o temor a Deus." – Mahatma Gandhi (1869 a 1948), político e pensador indiano.

29.2 – Meditação para se purificar com a energia divina

PROCEDIMENTOS
- Utilizar incenso de sua preferência e música suave.
- Fazer o *mudra* conhecido como *Bhumisparsa*, gesto para receber a iluminação. Mão esquerda na frente do corpo, palma voltada para cima em sinal de recebimento; mão direita relaxada sobre a perna. Com o objetivo de purificar-nos com a energia divina.

DESENVOLVIMENTO
- Recitar pausadamente o *mantra* **OM VAJRA SATTWA HUNG** por três vezes, para a purificação com a energia divina.

Meditação reflexiva

Com a transformação pessoal, teremos dado um grande passo para transcender a outros níveis de consciência, quer sejam mentais, emocionais ou materiais.

Ao separar-nos da matéria, poderemos lograr que a luz divina entre em nossos corações.

Onde já não existe o ódio, o rancor, a adulação, o vício, a avareza ou o dinheiro.

Atingimos a condição de sermos livres e modestos, como os pássaros no céu, como as plantas, as flores, a água e as rochas.

Chegamos a ser crianças novamente, com um sorriso inocente nos lábios.

E, sobretudo, podemos purificar nossos corpos e nossa alma, tirando todo o mal restante em nossos corações.

E voltaremos a ser filhos de Deus e não dos apetites da matéria.

É importante purificar-nos sempre, despojando-se do ódio, dos rancores e dos pecados.

- Deixe-se entrar nessa luz branca radiante que se apresenta neste momento. Atomize sua força com o *mantra* **OM VAJRA SATTWA HUNG** e o *mudra*, para obter mais facilmente a abertura dimensional para nosso contato com a lei da atração.

E faça esta oração:

Entra, ó luz divina! Afasta o mal de nossos corações.

Que possamos mudar com sua luz macia.

Corrige-nos e ensina-nos o caminho.

Restabelece e sana luz divina.

30 – Afastar Vícios e Manias que nos Dominam

As alterações que provocam os vícios dominam nossa vida. Estas levam à ruína de valores e compromissos sociais, assim como de trabalho, perdas materiais e nas relações familiares.

Geralmente, os vícios são acompanhados de alterações da personalidade, desenvolvendo conduta antissocial e um desinteresse pelos sentimentos e respeito pelos demais.

Quando o vício chega em um patamar patológico, a conduta negativa atinge o âmbito pessoal e social, descambando em conflitos familiares.

A habitual e exagerada necessidade de reconhecimento social faz com que se entre em uma competição agressiva, provocando uma tendência à raiva e ao aparecimento de doenças psicossomáticas produzidas pelo estresse.

No transcurso de nossa vida, adquirimos bons e maus hábitos. Quanto piores hábitos tenham obtido, maiores as possibilidades de fracasso em busca da maturidade. Como já dizia o filósofo grego Tales de Mileto: conhecer a si mesmo é uma arte e implica altas doses de introspecção, objetividade e valentia.

Nesse sentido, aceitar-se é reconhecer as deficiências para melhorá-las, igualmente identificar as fortalezas para potencializar as atitudes.

Existem alguns principais vícios e manias que brotam no coração humano, dentre eles:
- O egoísmo: neste, existe um afã desmedido de defender, proteger e valorizar a si mesmo, normalmente à custa dos demais.
- Sensualidade e soberba: aqui ocorre o rompimento do equilíbrio de toda a criação. O corpo se enfermou de sensualidade e a alma de soberba, sendo o princípio de todas as paixões desordenadas.
- A preguiça: o tédio e a negligência nas coisas em que é obrigado a fazer. Derivado de uma conduta indolente e apática, e está regido pela lei do mínimo esforço.
- A intemperança: em que tudo é feito desmedidamente. Estão incluídos a gula e o apetite desordenado de nossos sentidos. Normalmente, a pessoa acaba sendo vítima e escrava de seus sentidos.
- A luxúria: é uma inclinação egoísta ao prazer sexual. Uma busca consciente e deliberada de excitação sexual, que pode estar fora do casamento ou na masturbação desmedida. A luxúria destrói muitas vidas e deixa sequelas em crianças abusadas, em mães adolescentes, carreiras truncadas, famílias desfeitas e milhares de infectados com doenças venéreas.
- A comodidade: a pessoa está presa ao conforto, ao afã excessivo de comodidade e desfrute. Irrita-se com as intempéries do tempo, com as penúrias materiais, dormir no chão pode traumatizá-lo. Prefere a serena quietude de sua casa do que conhecer o mundo.
- A avareza: é uma tendência doentia de possuir bens de todo o tipo. O avaro pensa só em si mesmo, na satisfação de possuir mais e mais, cobiça qualquer coisa e segura o que tem, nada solta, nem dá para ninguém. Por isso, também é chamado de mesquinho e miserável.
- O orgulho: é o excesso de estima por si mesmo, agindo como superior aos demais. O orgulhoso tiraniza quando exerce sua autoridade. É impaciente e incompreensível com as limitações ou deficiências dos demais. Exige, não dialoga nem motiva, ganhando o desprezo das pessoas, pois se torna arrogante, soberbo e presunçoso.
- A vaidade: o cuidado excessivo com sua imagem diante dos demais. O vaidoso desenvolve a necessidade de ficar bem, de causar boa impressão. Alguns são ostentosos e não gostam de competi-

ções. Outros são inibidos e tímidos e se fecham para evitar que seus pontos débeis sejam vistos.
- A autossuficiência: é uma espécie de soberba, a expressão de um ego aumentado. A pessoa se acha a mais capacitada e inteligente para fazer alguma coisa e que ninguém faz melhor do que ele. Não pede ajuda porque não considera ninguém apto ou idôneo.
- A suscetibilidade: aquele que é suscetível tem a firme convicção de que as pessoas, os fatos e as circunstâncias estão confabulando para roubar-lhe a paz e tornar sua vida impossível. Muitas vezes acompanha o delírio de perseguição, interpretando os acontecimentos como agressão, ofensa, humilhação ou desconsideração por sua pessoa. Assim, acredita-se o centro das conversas e que o estão observando para criticá-lo.
- A rebeldia: o rebelde é um orgulhoso frustrado, que tenta se destacar de todas as maneiras. Ele se opõe a ser como os demais, sua resposta é sempre contrária. Crê-se original, diferente dos outros. É um imaturo sem causa, buscando a atenção dos demais. Tornam-se maníacos por suas extravagâncias, caprichos e conduta obsessiva, mas acabam se submetendo aos caprichos da maioria do grupo a que pertencem.

30.1 – Frases sobre vícios e manias

➤ "Os vícios vêm como passageiros, visitam-nos como hóspedes e permanecem como amos." – Confúcio (551 a.C. a 478 a.C.), filósofo chinês.
➤ "A senda da virtude é muito estreita, e o caminho do vício, largo e espaçoso." – Miguel de Cervantes (1547 a 1616), escritor espanhol.
➤ "Quem vive entre os deleites e os vícios há de expiá-los logo com a humilhação e a miséria." – Friedrich Schiller (1759 a 1805), poeta e dramaturgo alemão.
➤ "O mais irrepreensível dos vícios é fazer o mal por necessidade." – Charles Baudelaire (1821 a 1867), escritor e crítico francês.
➤ "O caminho do vício não somente desliza, mas se precipita até lá embaixo." – Sêneca (4 a.C. a 65 d.C.), filósofo romano.
➤ "Se todos os anos extirparmos um só vício, rapidamente chegaríamos a ser homens perfeitos." – Tomás de Kempis (1380 a 1471), teólogo alemão.

30.2 – Meditação para Afastar Vícios e Manias

PROCEDIMENTOS

- Utilizar incenso que desejar e música para relaxamento.
- Colocar-se em postura de meditar e fazer o *mudra* conhecido como *Suchi* para a liberação de vícios e manias. Em ambas as mãos, dedos indicadores estirados, restante dos dedos tocando os dedos polegares.

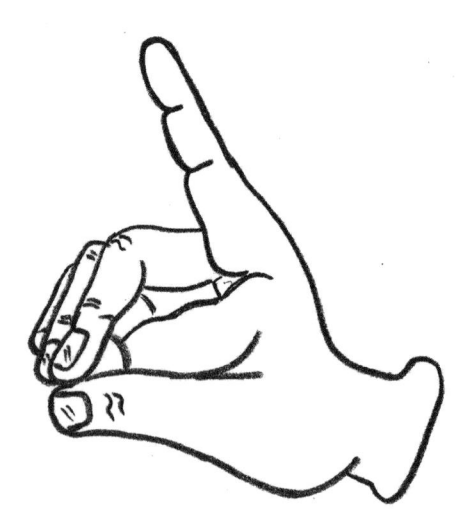

DESENVOLVIMENTO

- Recitar, três vezes, o *mantra* **OM SRI GANESHAYA NAMAHA** para proporcionar ânimo e vitalidade, para se afastar dos vícios e manias.

O Chamado

Quero afastar de mim os vícios e manias que me dominam.
Sei que posso lográ-lo, sei que conseguirei.
Esforçar-me-ei com afinco.
Pensamentos nocivos de ansiedade não penetrarão em mim, nem serei escravo deles.
Faço o chamado à lei da atração e isso me dará poder para determinar quando irei parar com meus vícios e manias, e decido parar agora mesmo.
Quero ficar limpo e revigorar minha mente.

Quero estar perfeitamente alinhado com minha consciência.
Quero ser feliz, necessito ser feliz.
O mundo é formoso, quero viver a vida.
Hoje, mentalizarei essa luz radiante para pedir uma mudança em mim.
Não quero ser mais escravo de meus desejos.
Quero ser eu mesmo.
Meu pobre corpo sofre em desesperação e eu não lhe dou importância. Alimento-me de substância venenosa.
Quero esquecer meus problemas, o vício me atormenta.
A partir de hoje lutarei, não serei covarde.
Afrontarei meus problemas com valentia, não me refugiarei no desespero.
Desejo ser uma pessoa normal, eu quero despertar desse pesadelo.
Desde hoje serei justo em meus atos e atitudes.
Quero que as pessoas me vejam renovado.
Hoje, a força da atração dimensional escutará meu pedido para afastar meus vícios.
Reconquistarei meu lar e meus entes queridos.
Eles sofrem por mim e querem uma mudança.
Sei que a luz me afastará desse terrível mal.
Porque toquei a porta da esperança.
Vou abraçar essa luz radiante, pois hoje as oportunidades estarão ao meu lado.
Não me frustrarei, estudarei, trabalharei.
Afastarei a morte de meu corpo e banirei os venenos que danificam meu sangue.
Agradeço à força universal por escutar meu chamado, porque dei uma ordem e sei que se cumprirá a partir de agora.

31 – Para se Despojar das Tentações do Mundo

O plano de Deus não prioriza o prazer, mas sim a felicidade. De forma geral, não podemos nos deixar levar pelos artifícios que a vida nos dá.

Entretanto, há grupos no mundo bem organizados, que pretendem desorientar as pessoas, fazendo com que elas vejam que a finalidade da riqueza e dos ricos é de se expor e gastar desmedidamente, ostentando com objetos luxuosos e com um estilo de vida mundano, e que assim deveriam viver já que o ganharam, mas é uma falácia.

Não devemos nos deixar escravizar pela riqueza, pois como via de regra endurece o coração, traz avareza e maus sentimentos. É claro que existem pessoas que querem obter mais poder para fazer o bem, mas somente algumas são bastante boas para serem poderosas.

Uma vez que com o tempo a fama e o poder privam-nas de toda condição moral para fazer o bem, o mundo dessas pessoas é cruel, pois se tiveram algum dia a condição de viver com grande *glamour*, quando já não têm nada são esquecidos. Primeiro os cercam e se aproveitam deles, depois os depreciam.

Por que ambicionar riquezas, se gastamos dinheiro com o que não tem valor?

O mais importante para os jovens, como para os adultos, é não fazer caso das tentações, que são muitas vezes insufladas por pessoas de caráter violento e esquivo. Sejamos sempre amáveis com os demais, inclusive respondendo às provocações com um sorriso, em vez de com um palavrão.

Sermos compreensíveis em vez de rudes, talvez com esse exemplo possamos fazer com que os demais perseverem no bem.

Vivamos com justiça e humildade em nossos corações; por mais que sejamos ricos na Terra, ajudemos as pessoas desamparadas. Vivamos modestamente, sem avareza. Respeitemos a opinião dos trabalhadores de nossas fábricas, dando a eles um patamar de vida exemplar. Recordemos que eles têm famílias para manter e amar.

Ainda que não possamos deter toda a influência externa, podemos resguardar nossos pensamentos mais puros, para que não se convertam em fantasias ou planos sem valor.

Teremos de dizer "não" no momento em que formos enlaçados em uma má ação. Também não devemos ser escravos de nossas paixões e de todo o impulso pecaminoso, é importante se proteger desses desequilíbrios. Porque se nosso pensamento é forte, o mal não poderá nos tentar.

Geralmente, as pessoas que conversam com Deus têm uma capacidade maior para resistir ao mal. Peça, também, à força da lei da atração para resistir em aceitar o mal; peça que o ajude a se perdoar e a perdoar os demais.

31.1 – Frases sobre as tentações do mal

➤ "O horizonte é negro, a tempestade ameaça, trabalhemos. Este é o único remédio para o mal do século." – André Maurois (1885 a 1967), novelista e ensaísta francês.

➤ "Aquele que não sofreu não sabe nada; não conhece nem o bem nem o mal; nem conhece os homens, nem conhece a si mesmo." – François Fénelon (1651 a 1715), escritor e teólogo francês.

➤ "Oponho-me à violência, porque quando parece causar o bem este é só temporal, o mal que causa é permanente." – Mahatma Gandhi (1869 a 1948), político e pensador indiano.

➤ "O mal não está em ter falhas, mas em não tratar de repará-las." – Confúcio (551 a.C. a 478 a.C.), filósofo chinês.

➤ "O medo do mal nos faz vulneráveis, afastemos o medo de nosso coração e teremos vencido o mal." – Sonia Regina Gomes (1957-), psicóloga e escritora brasileira.

➤ "O medo é um sofrimento que produz a espera de um mal." – Aristóteles (384 a.C. a 322 a.C.), filósofo grego.

➤ "O pior mal que o homem pode fazer à humanidade é roubar o tesouro público de seu povo e gastá-lo em proveito próprio." – Sonia Regina Gomes (1957-).

➤ "Não há incêndio como a paixão; não há nenhum mal como o ódio." – Buda (563 a.C. a 486 a.C.), fundador do Budismo.

31.2 – Meditação para se despojar das tentações do mal

PROCEDIMENTOS

- Utilizar incenso de sua preferência e música relaxante.
- Acomodar-se em postura de meditação e fazer o *mudra* conhecido como *Tarjani*, o gesto de eliminação da negatividade. Dedos polegares de ambas as mãos segurando os dedos médios e anulares dobrados, os outros dois dedos estirados.

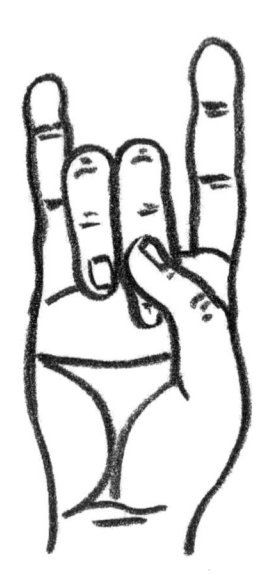

DESENVOLVIMENTO

- Recitar pausadamente por três vezes o *mantra* **NARASIMHA TA VA DA SO HUM,** para a proteção contra as negatividades.

Meditação reflexiva

Para nos afastar do mal devemos estar muito mais perto de Deus.

Deus, como ente poderoso, é a luz divina em todas as suas manifestações de vida.

As boas obras e as boas ações, uma vida correta, sem vícios, moderada, levar-nos-á a uma paz interior, em conjunto com Ele.

Como uma torrente maravilhosa onde se pode descansar. Onde se pode respirar espiritualmente.

Dessa forma, o mal nunca poderá acercar-nos nem nos pegar desprevenidos.

Porque teremos essa couraça para proteger-nos.

Afastemo-nos do mal de qualquer tipo, já que a mentira, a crueldade, a avareza e os vícios são seus rostos preferidos.

Fiquemos afastados de pessoas ruidosas, busquemos sempre a moderação.

Façamos sempre o bem, não importa a quem.

- Afirmação: desejo afastar-me para sempre do mal, este me traz desconsolo e solidão. Interno-me no mal e me destruo lentamente. E isso eu não quero para mim.

Prossigamos pelo bom caminho, ninguém nos deterá.

Façamos sempre o bem, busquemos sua luz.

Não atormentaremos nossa alma.

Aprendamos a orar com recolhimento e peçamos a Deus que nos libere.

Oração

Oh, Deus misericordioso! Faz com que o mal se afaste de mim.

Que não suporte Tua presença.

Faz de mim uma pessoa caridosa, de coração limpo.

Dá-me essa força suprema, para que me cubra

Tua magnificência, em momentos de crise.

Faz-me forte ante a tentação.

Ajuda-me a perseverar.

Afasta-me dos vícios mundanos.

Quero que escutes meu clamor.

- Atomizarei meu pedido com o *mantra* e o *mudra*. Recitar três vezes o mantra **NARASIMHA TA VA DA SO HUM** que atuará e se fortificará com meu chamado.

Proteja minha casa, meu trabalho, minha família.

Peço que este clamor chegue até Tua presença.

Faz com que me afaste das tentações e busque a paz nas boas coisas, nas coisas simples da vida.

32 – O Despertar da Consciência

Muitos pensadores têm dito que a humanidade vive com a consciência adormecida. As pessoas trabalham sonhando, andam pelas ruas sonhando, vivem e morrem sonhando. E quando se chega à conclusão de que todo o mundo vive adormecido é que se compreende a necessidade do despertar.

Esse sono profundo pode estar manifestado de diversas formas, quando, por exemplo, a pessoa perde a consciência de sua existência e fundamento em favor do poder, da ambição, da posse, da vaidade, etc, elementos externos à sua condição de ser, que levam ao aprisionamento na vida transitória e os benefícios que essa vida possa oferecer, com a ilusão de tornar a existência menos árdua.

Entretanto, o primeiro passo que você necessita para despertar a consciência é saber que está adormecido; ao compreender esse fato, o processo de autodespertar inicia-se.

Ao despertar, a pessoa percebe todos os seus processos internos, o que significa que permanece na auto-observação contínua, sem confundir-se com as situações, objetos e fatos externos, ou ainda, sem se identificar com seus próprios pensamentos e sentimentos.

Diz-se que uma pessoa desperta consegue recordar, sem esforço, as existências anteriores de sua alma, assim como conhecer seu próprio destino. Pode transitar sem esforço e de forma lúcida nas diversas dimensões e comunicar-se com o divino e suas mais variadas manifestações.

Quanto mais adormecida estiver a consciência, mais passível estará de cometer erros e de deixar-se levar. Da mesma forma que quanto mais adormecida estiver a humanidade em geral, mais serão vistos atos de barbarismo, guerras, violência.

A natureza não dá saltos e o processo do despertar da consciência é lento, gradual e requer esforço contínuo. Um meio facilitador para atingir o despertar e, consequentemente, a expansão da consciência é a meditação.

O expandir da consciência leva ao reconhecimento do que se é realmente e chega-se a vislumbrar que formamos parte de um Todo, que somos seres com fundamento e origem comum.

Tudo isso leva a expandir a noção de dignidade humana, e não somente de si mesmo, senão de todos os seres existentes. E surge a evidência de que não somos somente "este corpo", mas que também somos o substrato imaterial que o anima, a alma.

32.1 – Frases sobre o despertar da consciência

➤ "Dormes! Não ouso te despertar de teus sonhos ou pesadelos, sou parte deles." – Anônimo.
➤ "Observando os seres de um modo geral, percebemos que somente aqueles que sentem o despertar da consciência, manifestado pelas inquietudes internas, visando a própria superação, são capazes de interessar-se pelo que está além da vida corrente." – Sinval Lacerda (1932-), pensador brasileiro.
➤ "Só há um tempo em que é fundamental despertar. Esse tempo é agora." – Buda (século VI a.C.), criador do Budismo.
➤ "Quando uma criatura humana desperta para um grande sonho e sobre ele lança toda a força de sua alma, todo o Universo conspira a seu favor." – Johann Goethe (1749 a 1832), escritor alemão.
➤ "Quando um homem tem tudo, subitamente um despertar acontece dentro dele, de que tudo é inútil." – Osho (1931 a 1990), pensador indiano.
➤ "O místico não procura o fenômeno. Sua meta é a evolução, um incessante despertar interior." – Raymond Bernard (1901 a 1965), místico francês.
➤ "A consciência é a voz da alma, as paixões são a voz do corpo." – Jean Jacques Rousseau (1712 a 1778), filósofo francês.
➤ "Interessa-me mais minha consciência que a opinião dos demais." – Leon Tolstói (1828 a 1910), escritor russo.
➤ "A boa consciência serve de bom travesseiro." – John Ray (1627 a 1705), naturalista inglês.

32.2 – O despertar da consciência e sua expansão – Meditação

PROCEDIMENTOS

- Utilizar incenso de sua preferência e música para relaxamento.
- Fazer o *mudra* conhecido como *Chin,* para o despertar da consciência. Sentar com as pernas cruzadas; dedos polegares de ambas as mãos sujeitando seus respectivos dedos indicadores; o restante dos dedos estirados, apontando para o chão, em sinal de energia ativa.

DESENVOLVIMENTO

- Recitar, três vezes, o *Gayatri mantra,* canto ou oração hinduísta que concede a liberação, para que Deus inspire e outorgue a iluminação de nosso entendimento e consciência.
  OM OM OM
  BHUR BHUVAH SUVAHA (Lê-se suvarra)
  TAT SAVITUR VARENYAM
  BHARGO DEVASYA DHEEMAHI (Lê-se dhimari)
  DHIYO YO NAH PRACHODAYAT

O Chamado

Hoje, quero despertar para a realidade com paz e amor em meu coração.

Quero que a lei da atração irradie minha mente e que me dê a coragem para aceitar-me tal como sou.

Hoje verei o que antes não via, eu estava tão absorto em meus sonhos que não pensava em meus atos.

Hoje, quero abrir meus olhos para a vida, o mundo e o belo.

Quero desgarrar esse peso enorme que me cegava diante da dor de meus semelhantes.

Deixarei que a força dimensional banhe minha alma e me dê o dom para conhecer meu erro.

E quero fechar a porta para a ignorância que endurecia meu coração e não me deixava perceber sensações espirituais mais sutis.

Peço ao Universo dimensional que me dê o dom do entendimento. Quero progredir e conhecer a mim mesmo.

Quero sair desse sonho profundo que me mantinha adormecido, imutável.

Deixa-me quebrar as correntes da ignorância.

Quero programar minha mente sem me condicionar, porque a mente me controla, assim como os que me rodeiam.

Eu tenho meu livre-arbítrio e ninguém pode me manipular.

Hoje controlarei minha mente, e meditarei em silêncio, porque Deus fala comigo diariamente e Ele transformará meus pensamentos.

Tudo é energia, e tudo o que eu escolher será positivo.

Darei amor a meus semelhantes.

Transformarei os condicionamentos que hoje existem em minha mente.

Despertarei o ser divino que há em mim, porque sou parte dessa divindade.

Eu sou muito mais que o tempo e o espaço.

Sentirei a felicidade porque hoje a despertarei.

Agora, sempre estarei consciente.

Sinto a força da energia que está em mim.

E serei capaz de fazer o que me proponha, pois sei que Deus está dentro de mim.

Peço que o Divino propague em mim Seu maior e a perfeição.

Sim, porque hoje despertarei minha consciência e brotarão flores no jardim de minha alma.

O *mudra* e o *mantra* que recito agora trarão a energia necessária para me despertar com um pensamento altruísta.

Hoje serei diferente, hoje viverei.

Viver o presente e só o que existe.

E destruirei meus condicionamentos mentais negativos.

33 – Ao Encontro do Caminho Espiritual

Diz-se que a maioria dos habitantes do mundo ocidental moderno se sente profundamente desconectada de nossa fonte espiritual.

Nossa cultura e sua busca do desenvolvimento intelectual e físico fez com que se perdesse, aparentemente, o rastro da dimensão espiritual da vida.

Enquanto indivíduos, por estarmos desconectados de nosso ser essencial e do espírito universal, sentimo-nos vazios, perdidos e sós. Falta o significado e o propósito que deveria haver em nossa vida.

A busca de preencher esse vazio existencial pode ocorrer de diversas maneiras: pela compulsão de comer, o vício ao álcool, drogas, compensação pelo trabalho, pelo dinheiro, pelo reconhecimento, pelo alcance do poder. Ainda, a busca por encontrar o companheiro perfeito, que nos aporte felicidade, etc.

Entretanto, quando nos abastecemos dessas realizações, descobrimos que nenhum desses métodos preencheu o vazio, que é eminentemente espiritual.

O objetivo do caminho espiritual está no despertar do mundo ilusório da mente humana, que envolve pensamentos, memórias, ideias, crenças e opiniões creditadas como verdade. Essa ilusão é formada pelo ego por estar profundamente comprometido em controlar sua vida para satisfazê-lo.

O contato com nossa dimensão espiritual aporta uma perspectiva mais ampla em nossas vidas como indivíduos e como membros da humanidade.

Observando as situações, desde uma perspectiva da alma, podemos ver o quadro geral de nossa vida na Terra, o que ajuda a entender melhor por que estamos aqui e o que fazemos. Ajuda, também, a encontrar a inspiração, o entendimento e a força de que necessitamos, para fazer frente às dificuldades e aos desafios que nos são apresentados.

Pode-se afirmar que o despertar para o caminho espiritual não se produz de uma maneira repentina nem espontânea, requer ser desejado e cultivado por meio de uma meditação ou da oração praticadas regularmente, ou ainda pelo silêncio e a quietude que alimenta nossa alma. Este pode ocorrer ao longo de muitos anos, é um caminhar.

O fato é que ser é tão importante quanto fazer, o não entendimento disso é a raiz dos problemas maiores.

Ao adentrarmos no plano do ser, permitimos que a atenção dirija-se para o mundo interior, e nos conectamos profundamente com nossa alma. É quando estabelecemos contato conosco e com dimensões mais profundas e sutis. Porque, para abandonar as trevas, é necessário caminhar até a luz.

33.1 – Frases sobre o caminho espiritual

- "Os homens semeiam na terra o que colherão na vida espiritual: os frutos de sua coragem ou de sua fraqueza." – Allan Kardec (1804 a 1869), educador e tradutor francês que introduziu a Doutrina espírita.
- "Os dois testes mais duros no caminho espiritual são a paciência para esperar o momento certo e a coragem de não nos decepcionar com o que encontramos." – Paulo Coelho (1947-), escritor brasileiro.
- "O pensamento pode ter elevação sem ter elegância, e, na proporção que não tiver elegância, perderá a ação sobre os outros. A força sem a destreza é uma simples massa." – Fernando Pessoa (1888 a 1935), poeta português.
- "Se quisermos o desenvolvimento espiritual, a prática da paciência é essencial." Dalai Lama (1935-), monge budista tibetano.
- "Se você quer transformar o mundo, experimente primeiro promover seu aperfeiçoamento pessoal e realizar inovações em seu próprio interior."
- "O carisma é a expressão da alma. Quando a alma fala, sua essência espiritual e divina se manifesta, e a pessoa brilha, conquista, aparece. É nela que reside sua força e poder. Negá-la é preferir

a obscuridade." – Zíbia Gasparetto (1926-), escritora espiritualista brasileira.

➤ "Quanto mais nos elevamos, menores parecemos aos olhos daqueles que não sabem voar." – Friedrich Nietzsche (1844 a 1900), filósofo alemão.

➤ "A humanidade não é uma descrição física, mas uma meta espiritual. Não é algo que nos seja dado, mas algo que conquistamos." – Richard Bach (1936-), escritor norte-americano.

➤ "A caridade é um exercício espiritual... Quem pratica o bem, coloca em movimento as forças da alma." – Chico Xavier (1910 a 2002), médium espírita brasileiro.

33.2 – O fortalecimento do caminho espiritual – Meditação

PROCEDIMENTOS

- Utilizar incenso de sua preferência e música que tranquiliza.
- Fazer o *mudra* conhecido como *Apan Vayu*, para o desenvolvimento do equilíbrio no caminho espiritual. Dobrar dedos indicadores encostando-se as respectivas palmas das mãos; unir as pontas dos dedos polegares, médios e anulares de cada mão enquanto os dedos mínimos se mantêm estirados.

DESENVOLVIMENTO

- Recitar, três vezes, o *mantra* **SAT** (lê-se Sáb) **CHID EKAM BRAHMA**, para obter clareza e discernimento no caminho espiritual.

O Chamado

Peço, ao universo dimensional, que estruture meu caminho espiritual e o fortaleça, trazendo-lhe a pureza na ação.

Desejo que meus atos ponderados e obras realizadas se unam para o fortalecimento espiritual.

Sei que essa força dimensional que peço agora preencherá todo o meu ser com a substancial harmonia, envolvendo também minha aura e meus chacras.

E sinto que os *nadis* que circulam meus chacras evoluem com essa luz e se entrelaçam, satisfatoriamente, produzindo um prana nutritivo para minha viagem pelo caminho espiritual.

Que as coisas que levem ao infortúnio desapareçam de meu caminho.

Quero que essa grande roda do chamado retire de meu caminho obstáculos.

Quero percorrer esse caminho sem sombras, e o desejo repleto de luz.

Para que eu tenha a clareza de pensamento de que necessito, a fim de poder cumprir o que me resta de vida em obras de caridade para com meu próximo, para minha família, para meus filhos e amigos.

Quero demonstrar a meus inimigos que não tenho ódio em meu coração, para que eles possam ver minha pureza e que o meu caminho espiritual também está aberto para eles.

- Sei que esse *mantra* e o *mudra* atomizarão meu pedido, e que a luz do poder de atração fará dele uma ordem. Recitar o *mantra* **SAT CHID EKAM BRAHMA** algumas vezes, enquanto que, com os olhos fechados, sinta como tudo se envolve em uma luz resplandecente. Sinta sua alma mover-se e mudar de posição, preenchendo-se de energia.

Agora, peço à Divindade que se integre ao meu caminho e que o imbua com a ressonância da pureza.

Quero ter a luz da santidade. Assim, a felicidade viverá em mim e me trará a confiança para seguir com minha tarefa diária.

Onde eu for, que eu deixe a paz e o alívio.

Propor-me-ei a aconselhar os demais e a ajudá-los, para que essa luz que há em meu caminho ajude-me a purificar meu carma atual.

Sei que nada me impedirá de conseguir meus objetivos.

Sei que lograrei outra meta mais em minha vida.

Hoje, possuo um milagre ainda maior. Possuo meu caminho repleto de coisas boas, de esperanças, cheio de luz. Onde não haverá trevas que sombreiem minha felicidade.

Agora terei trabalho espiritual a percorrer. Muitos me esperam e saberei guiá-los pelo caminho da luz.

O segredo está em ter entusiasmo e fé que a ideia se concretizará, mas agora, com um caminho espiritual fortalecido.

34 – Para Adquirir Pureza no Coração e Direcionar nosso Caminho

A humanidade gira em um ritmo frenético e, às vezes, falta-nos força para dar conta das demandas de nossa existência.

São tantas tarefas para ser feitas que nos esquecemos e perdemos nossa própria identidade para sermos felizes e tranquilos, com pureza no coração.

Há que se viver de verdade e não fingir que se vive. Ter uma vida sincera, um trabalho digno e nos envolver com esforço em tudo o que fizermos para o encontro com a verdadeira felicidade.

Quando os desejos insanos brotarem como um vulcão, necessitaremos encará-los de frente, em vez de reprimi-los. Cortar a raiz do desejo negativo que provoca a tentação é o mais seguro a se fazer. Não devemos alimentar ideias desconcertantes em nosso coração, mas assumir os problemas para corrigir vícios e condutas erradas, que nos levam ao desvio do caminho.

Contemplar a natureza traz paz e é sempre proveitosa uma reflexão espiritual. O caminho espiritual consiste em arrepender-se das coisas erradas que você tenha feito ou esteja fazendo. Essa observação sincera para a mudança fará com que seja limpa nossa consciência.

Assim, o que antes não víamos por estarmos submersos no mundo material, hoje devemos redirecionar pelo recolhimento. É esse puro sentimento que nos fará refletir com o divino.

O que vemos na vida e a maneira como a vemos dependem do que existe em nosso campo mental, de nossa forma interior de pensar. Para se ter uma visão aberta e clara com relação ao mundo, é absolutamente essencial ter um coração puro.

A pureza do coração, como toda a virtude, exige um treinamento diário da vontade e uma disciplina interior constante. Exige o contínuo recurso da oração ao Supremo. Com isso, comprovaremos como nossos caminhos terão um direcionamento.

Devemos saber, também, que a pureza cria o espaço onde se pode decidir livremente. E para estabelecer essa liberdade de escolha, precisaremos rechaçar o negativo de tudo aquilo que somos, e nos libertar da cegueira do vício e da torpeza da desordem.

34.1 – Frases sobre a pureza de coração

- "Tenhas boa consciência e terás sempre alegria. Se alguma alegria há no mundo, seguramente a tem o homem de coração puro." – Tomás de Kempis (1380 a 1471), teólogo alemão.
- "Quando a mente é pura, a alegria a segue como uma sombra que nunca se vai." – Buda (563 a.C. a 486 a.C.), fundador do Budismo.
- "Que formosa é a santa pureza... Mas não é santa nem agradável a Deus se a separarmos da caridade." – Josemaría Escrivá de Balaguer (1902 a 1975), santo e sacerdote espanhol e fundador da Opus Dei.
- "Se tiveres a paciência da terra, a pureza da água e a justiça do vento, então és livre." – Paulo Coelho (1947-), escritor brasileiro.
- "Para lograr o conhecimento do espírito é indispensável a pureza de coração: retirando todo o pensamento mal, mantendo o ânimo sossegado, sem jamais se agitar, nem se irritar por nada." Helena Blavatsky (1831 a 1891), escritora e filósofa ucraniana.
- "A pureza de coração é inseparável da simplicidade e da humildade. Ela exclui todo pensamento de egoísmo e de orgulho, é por isso que Jesus toma a criança como símbolo dessa pureza, como a tomou por símbolo de humildade." – Allan Kardec (1804 a 1869), escritor francês e fundador da Doutrina Espírita.
- "É difícil subornar o coração de uma pessoa de sentimentos puros. É como remover uma forte rocha na beira de um mar embravecido." – Sonia Regina Gomes (1957-), psicóloga e escritora brasileira.

34.2 – Meditação para direcionar nossos caminhos com pureza no coração

PROCEDIMENTOS

- Utilizar incenso de sua preferência e música para meditar.
- Fazer o *mudra* conhecido como *Lótus*: juntar as mãos no peito, unidas somente pela parte inferior; dedos mínimos e polegares se tocando, restante dos dedos estendidos e separados, formando uma flor de lótus aberta. É o símbolo da pureza, e adequado para relacionar-se com o divino e desenvolver a bondade e o afeto.

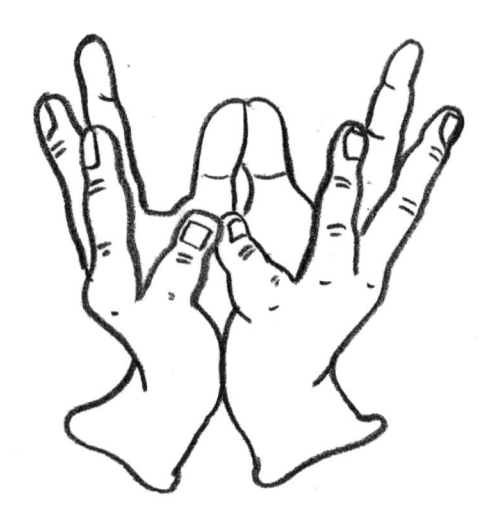

DESENVOLVIMENTO

- Recitar pausadamente e por três vezes o *mantra* **SAT CHID EKAN BRAHMA**, acesso aos segredos do Universo para energizar os caminhos com pureza de coração.

O Chamado

Quero pedir ao Universo dimensional uma mudança no estilo de vida.

Se tiver errado, não quero mais errar.

Tentarei ser perfeito, puro de coração.

As maldades do coração podem ser desterradas.

Abro-me sinceramente para a luz.

Quero, desde agora, uma mudança, e essa mudança partirá de meu interior.

34 – Para Adquirir Pureza no Coração e Direcionar nosso Caminho

Quero que a luz divina permaneça em mim.
Quero ser um templo de boas ações.
Desejo pedir à força dimensional que limpe meu coração oprimido.
Quero buscar a beleza nas coisas mais simples da vida. E sempre perseverar, nunca desanimar.
Para ter pureza no coração, basta pensar com amor sobre os semelhantes.
Fazer sempre o bem, nunca o mal.
A partir de agora, conversarei com Deus sobre todas as minhas inquietudes e problemas.
Ele direcionará meus caminhos.
Se tiver de purgar dificuldades, purgarei com bom ânimo, com a cabeça sempre levantada.
Ter pureza no coração é despojar-se de tudo o que é mundano.
Ser puro de coração é dar e nunca receber o troco.
Quero fazer o chamado para que a luz me conceda esse sentimento amoroso e puro. E sobretudo pedirei em oração.
Orarei pela humanidade e seus erros.
Terei uma ligação estreita com Deus.
Ele saberá devolver-me a paz que almejo.
Hoje, serei amigo de todos os seres, dos animais, até das plantas.
Aprenderei a cada dia um pouco com eles.
Assim purificarei meu coração diariamente.
Sei que a lei da atração administra em mim essa força suprema para não cair jamais.
Quero que o espírito de Deus habite em mim.
Posso sentir Seu espírito calmo, invisível.
Sei que estou mudando e persistirei até conseguir.

35 – O Exercício do Desapego

Para compreender o desapego é necessário, primeiramente, analisar ao que nos apegamos, pois o mundo com o qual nos relacionamos é criado pela mente.

O desapego pode ser dirimido com a prática do discernimento ao escolher e compreender se aquele objeto de desejo e posse traz infelicidade e culpa ou promove o sentimento de liberdade.

O fato é que, quando um objeto de desejo é alcançado, observa-se que outro tema surge, causando a infelicidade até atingi-lo. Essa infelicidade correlaciona-se com suas crenças, que, por se parecerem tão lógicas, mal se percebe que tiranizam e escravizam.

O apego é um estado emocional de vinculação compulsiva a uma coisa ou pessoa determinada, originando a crença de que sem essa coisa ou amor de certa pessoa não se pode ser feliz.

Essa crença também está vinculada à cultura vivida e aos valores introjetados. Sendo assim, o fato de viver só não o deixa ser feliz. Não se pode ser feliz caso não se tenha um corpo ou roupa da moda ou se você não tiver um trabalho que lhe dê segurança.

As falsas crenças e a forma deformada de ver a vida o impulsionam no sentido contrário à felicidade. As coisas e pessoas a que você se apega para ser feliz são as originárias de suas angústias, pois você está convencido de que depende delas para viver em paz.

O amor, por exemplo, só pode coexistir em liberdade. A liberdade de que o outro satisfaça seus próprios gostos, siga suas próprias inclinações e pensamentos, que se comporte como deseja fazer.

Se em sua mente existem constantes pensamentos e sentimentos negativos, como poderão se manifestar em sua vida as coisas belas?

A chave é tomar consciência e compreender que um diamante, por exemplo, não é mais do que uma pedra a que a mente humana deu valor. E que tudo tem o valor que nós damos com as regras impostas por nós mesmos, criando um abismo que nos separa da realidade.

O exercício do desapego elimina o aborrecimento em nossa vida e, com isso, percebemos que não estamos renunciando a nada de que realmente necessitamos, mas, sim, que estamos nos libertando de desejos imaginários e ilusórios. Assim nossa alma cresce e podemos aceitar mais serenamente os reveses de nossa existência.

35.1 – Frases sobre o desapego

- "Afinal, se coisas boas se vão, é para que coisas melhores possam vir. Esqueça o passado, o desapego é o segredo!" – Fernando Pessoa (1888 a 1935), poeta português.
- "A renúncia é a libertação. Não querer é poder." – Fernando Pessoa.
- "O mundo está cheio de sofrimento; a raiz do sofrimento é o apego; a supressão do sofrimento é a eliminação do apego." – Buda (563 a.C. a 483 a.C.), mestre indiano criador do Budismo.
- "O reino da quietude que os sábios conquistam pela meditação é também alcançado pelos que praticam ações; sábio é aquele que compreende que estas duas coisas – a consciência mística e a ação prática – são uma só em essência." – A sabedoria do desapego, passagem do Bhagavad-gita.
- "As águas fluem continuamente para o oceano, mas o oceano nunca se perturba; o desejo flui para a mente do vidente, mas ele nunca se perturba. O vidente conhece a paz... conhece a paz aquele que esqueceu o desejo. Ele vive sem ansiedade: livre do ego, livre do orgulho." – Passagem do Bhagavad-gita, do livro *Como conhecer Deus*.

35.2 – Meditação para o desapego

PROCEDIMENTOS

- Utilizar incenso de sua preferência e música para o relaxamento.
- Fazer o *mudra* de abertura, recepção e entrega conhecido como *Pushpaputa*. Mãos apoiadas nas pernas, palmas voltadas para cima, dedos juntos e relaxados. Ajuda a abrir os pensamentos para a felicidade e o que de bom da vida está preparado para você.

DESENVOLVIMENTO

- Recitar, pausadamente, por três vezes o *mantra* budista **OM AH HUM BENZA GURU PEMA SIDDHI HUM** (lê-se: om ah rum benza guru sidi rum), uma bênção que promove a transformação em sua vida. Serve para harmonizar a mente, o corpo e o espírito, fazendo a energia fluir com maior equilíbrio.

O Chamado

Quero que a força dimensional do universo direcione meu cérebro para desapegar-me das coisas que me fazem danos.

Quero desapegar-me da inveja, dos rancores, dessa sede de vingança que atormenta meu coração e que me deixa triste e solitário.

35 – O Exercício do Desapego

Aprenderei a desapegar-me dos vícios; quero que essa energia poderosa da atração conceda um caminho de entendimento para meu coração conturbado pela falta de razão e lógica.

Quero desapegar do egoísmo com que estou encarando a vida neste momento: não quero compartilhar a felicidade com os outros desejando-a só para mim. Estou errando, a partir de agora quero compartilhar.

Que a luxúria e o desejo não sejam componentes importantes de meu corpo. Quero o desapego! Sei que são necessárias para minha vida conjugal, mas não serei escravo de seu processo.

Quero desapegar-me do dinheiro, porque isso me torna avarento. Quero contribuir com os mais pobres, quero ajudar ao necessitado. O dinheiro bem administrado traz segurança, mas não dá felicidade.

Quero desapegar-me de meus traumas infantis, de minha solidão e tristeza. Quero libertar-me do passado e ser feliz dia após dia.

Meus olhos abriram-se para o desapego, quero mudar o rumo de minha vida, quero paz e sossego, não quero raiva nem vingança, quero desapegar-me dessas ideias.

Peço à lei da atração que me outorgue o poder divino de perdoar; por mais que minha mente diga-me o contrário, não vou confiar em minhas ideias traumáticas.

Seguirei o caminho da liberdade, quero ser um pássaro que voa e se liberta das amarras da terra voando feliz pelo espaço.

Rogo ao Universo dimensional que me ajude a desapegar-me das coisas que me fazem mal, quero ser livre, quero ser feliz.

Se não tenha sido uma boa mãe, um bom pai, uma boa filha, um bom filho, quero chegar a meus entes queridos e ensiná-los o caminho que leva ao desapego. Quero ensiná-los a desapegarem-se dos rancores e ódios que eu mesma tenha educado. Quero que sejam felizes e ensinarei a desapegarem-se clamando à lei da atração para que dia a dia vivam sem vícios, com sensatez e bom juízo.

Que a cada dia que se passe seja retirada de minha personalidade uma dificuldade. Quero amar a vida com plenitude, mas antes que sejam retirados de mim os complexos que me inferiorizam.

Estou me sentindo mais à vontade, experimento tranquilidade com minha alma. Sei que o desapego já está atuando em mim.

36 – Formação do Corpo de Luz

Corpo de luz é o veículo principal para a exteriorização da alma em todo o seu poder divino para com as energias celestiais.

É formado progressivamente com o despertar da consciência e sua luz passa a ser tão radiante como luminosa. É muito maior, em tamanho, do que o corpo físico. E com o processo evolutivo vai se integrando às formas "humanas" manifestas da alma.

Seu poder vibratório é de tal alcance que pode acompanhar o canal energético (da intencionalidade) a outras dimensões e abstrair-se facilmente a outros hemisférios, facilitando a intercomunicação. Ainda, o corpo de luz promove a integração do canal com a grande plêiade divina, conduzindo a personalidade consciente a lugares mais nobres e inacessíveis.

A Divina Luz sustenta e abençoa o corpo de luz e físico com a proteção de companhias angelicais, que ensinam a personalidade a prover-se somente com coisas que venham do espírito.

Existem imensas vantagens para a ativação e formação do corpo de luz, pois acrescenta ao poder do pensamento, em especial, a sabedoria, o êxtase, a premonição, a telepatia. E sua conexão com o Divino traz saúde vibracional para todo tipo de cura por meio das mãos.

Igualmente, os chacras e o campo áurico são fortalecidos cotidianamente por meio de induções puras e abundantes de ectoplasma e prana.

A opção do desenvolvimento do corpo de luz é inerente a toda a essência humana.

BENEFÍCIOS

➤ Outorga segurança para a pessoa no cumprimento de seus objetivos espirituais.
➤ Traz fertilidade aos projetos e ambições.
➤ Faculta luminosidade e conexão direta por meio da oração com seres de luz.
➤ Facilita a movimentação em diferentes dimensões com o propósito de crescimento, aprendizagem e desenvolvimento.
➤ Torna-se possível ascender e fazer a comunicação consciente com outras dimensões em busca do conhecimento e da orientação.
➤ E, em última instância, faz a conversão em luz e amor de sua verdadeira essência na forma humana.

36.1 – Frases sobre integração ao corpo de luz

➤ "Teu corpo é templo da natureza e do espírito divino, conserva-o são, respeita-o, estude-o; concede-lhe seus direitos." – Henri F. Amiel (1821 a 1881), nascido em Genebra, filósofo e escritor naturalizado suíço.
➤ "Existem em nós várias memórias. O corpo e o espírito têm cada um a sua." – Honoré de Balzac (1799 a 1850), escritor francês.
➤ "Não somos somente corpo ou só espírito, somos corpo e espírito ao mesmo tempo." – George Sand (1804 a 1876), romancista francês.
➤ "Milhares de velas podem ser acesas com uma só, e a vida da vela não se encurta. A felicidade nunca diminui quando se compartilha." – Buda (século VI a.C.), nasceu na Índia, atual Nepal; fundador do Budismo.
➤ "Quando uma criatura humana desperta para um grande sonho e sobre ele lança toda a força de sua alma, todo o Universo conspira ao seu favor." – Johann Goethe (1749 a 1832), escritor alemão.
➤ "Quanto mais luz você deixar entrar, mais brilhante será o mundo em que vive." – Shakti Gawain (1948-), escritora norte-americana.
➤ "Para manter uma luz acesa é preciso estar constantemente colocando óleo nela." – Madre Tereza de Calcutá (1910 a 1997), missionária de origem albanesa, naturalizada indiana.
➤ "Quem tem luz própria incomoda quem está no escuro." – Anônimo.

36.2 – Formação do corpo de luz e integração ao corpo atual – Meditação

PROCEDIMENTOS

- Utilizar incenso de sua preferência e música de meditação.
- Fazer o *mudra* conhecido como *Dharmachakra*, o giro da roda, que alude à perfeição universal e aos ciclos vitais de morte e de vida. Equilibra nossas energias interiores para conexão com o mundo espiritual e o recebimento de ajuda. Para sua execução, unir dedos polegar e indicador da mão esquerda, palma da mão direcionada para o coração. Igualmente, unir dedos polegar e indicador da mão direita, palma da mão voltada para o exterior. O dedo médio da mão esquerda deve tocar a união do polegar e indicador da mão direita, indicando o círculo eterno da vida e a perfeição universal.

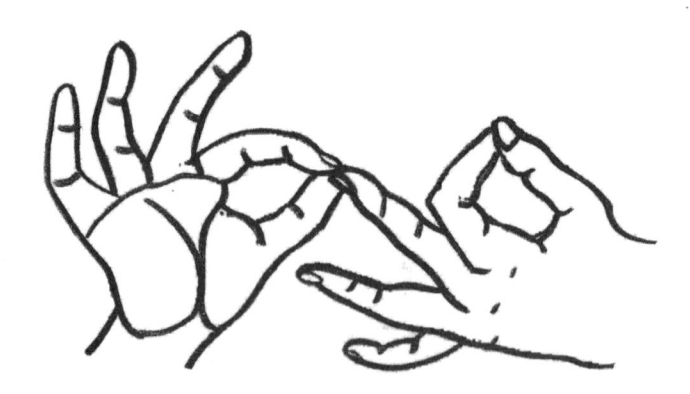

DESENVOLVIMENTO

- Iniciar recitando, três vezes, o *Gayatri Mantra*, a mãe dos *mantras* dos vedas. Para que o Supremo inspire e outorgue a iluminação de nossa consciência e entendimento para a liberação e desenvolvimento de nosso corpo de luz e sua integração com o corpo físico.
  OM OM OM
  BHUR BHUVAH SUVAHA (Lê-se suvarra)
  TAT SAVITUR VARENYAM
  BHARGO DEVASYA DHEEMAHI (Lê-se dimari)
  DHIYO YO NAH PRACHODAYAT

O Chamado

Quero que o poder da atração irradie, para mim, a luz que emana do Universo.

Quero que meu corpo físico, mental, emocional e espiritual preencha-se dessa energia divina para que me ensine o caminho da espiritualidade em todas as suas fases.

Quero conectar-me, por meio de sua luz, com outras dimensões e que me faça ver e sentir a vida dos seres animados e inanimados que estão ao meu redor.

Peço à lei da atração que desenvolva em mim o crescimento pessoal, que é tão importante.

Quero ascender e monitorar meu corpo de luz à vontade. Com o propósito de iluminar-me, como fez Buda, Jesus, Gandhi, Confúcio, e como todos os mestres que vieram a este mundo, elaborando a própria luz divina junto com o Criador para ter acesso à perfeição.

Por isso peço e serei escutado. Sei que esse poder abrirá minha consciência, a fim de guiar minha alma à minha evolução.

Sinto como penetra em mim essa luz que aclara meus sentidos e me faz ponderar trazendo um entendimento exato do que me faz infeliz.

Desejo que essa luz maravilhosa banhe minha alma e me torne um novo ser.

- Atomizo este rogo com o *mudra* e o *Gayatri Mantra* (recitar).
  OM OM OM
  BHUR BHUVAH SUVAHA (Lê-se suvarra)
  TAT SAVITUR VARENYAM
  BHARGO DEVASYA DHEEMAHI (Lê-se dhimari)
  DHIYO YO NAH PRACHODAYAT

Eu sei que esse poder de conexão é infalível, por isso tenho fé de que se realize.

Sei que, ao conseguir entrar nessa dimensão de luz, não estarei sujeito a crenças impostas, serei livre como as plantas e os pássaros.

Minha alma abre-se para introduzir esse conteúdo maravilhoso dentro de mim.

Rogo a essa luz sagrada que me dê o entendimento para valorizar as coisas simples que amo.

Estou consciente de que tenho uma missão nesta vida.

Estou consciente de que muitos dependem de mim e eu servirei como um grande exemplo nunca visto.

Hoje mudarei, porque sinto o poder da luz invadindo meu corpo e minha alma de um elixir maravilhoso, tão tênue e claro como as águas de um manancial. E nele quero submergir, e poder banhar-me na perfeição e ter uma vida saudável.

Serei valente, agora enfrentarei meus problemas, mas sempre com otimismo e um sorriso.

Serei um todo luminoso, um Sol que buscará seu Universo.

Sim, estou sentindo como ilumino, pareço uma tocha. Agora, vejo meu caminho e serei feliz.

Viverei, pois a vida merece ser vivida.

Abandonarei falsas crenças que foram impostas.

Agora, verei com claridade e estou observando meus erros.

Não importa quanto tempo tenha me perdido na escuridão da ignorância, do medo, do rancor.

Hoje viverei outra vida nova.

Agora sou consciente, porque o caminho está deslumbrante, tenho fé.

Hoje tenho desejos de realizar meus sonhos, meu coração está feliz.

Começarei o dia dando ânimo às minhas ambições, e estarei ocupado, o inferno está fora de mim.

Hoje nasci de novo, envolvi-me com minha própria luz.

Aprenderei a ser melhor a cada dia, porque essa luz que hoje enxergo nunca mais se desprenderá de mim.

Não farei nada errado, pelo contrário, sei que a luz se aviva com o amor, com um beijo, uma carícia, uma gargalhada.

Acenderei minha tocha e a manterei acesa, e ensinarei os outros a prenderem sua tocha com a chama de meu amor.

Glossário

Campo Áurico – É a envoltura de energia que nos protege de toda a negatividade. É composto por camadas com cor e função diferenciadas e todas interpenetram o corpo físico.

Canal Energético (intenção) – É o sintonizador de nossa alma através de todo o Universo. Ele está organizado para adentrarmos em dimensões e recorrermos às vastas paisagens de nossas experiências. Originalmente esse canal é puro, após a morte ele é limpo e renovado. Traz o registro de tudo o que acontece nas encarnações.

Carma – Para Buda, é o caminho que toda pessoa percorre enquanto a alma usa um corpo físico, onde para toda a ação corresponde uma reação de natureza semelhante. O carma se deteriora pelas más ações realizadas, às quais são transferidas de corpo para corpo, de vida para vida.

Chacras – São portais de transmissão e armazenamento de energia vital (prana). Estão constituídos por vórtices de energia e formados por qualidades que outorgam ao ser grande receptividade espiritual.

Chama Trina (ou Centelha Divina) – É a união das chamas de energia azul, dourada e rosa, que encarna e representa as qualidades de poder e força de Deus, de sabedoria ou divina iluminação e do puro amor divino. É a trindade divina ganhando expressão no mundo material.

Consciência Divina – Criadora de toda a existência, Deus. Relativo àquele que traz a luz, o amor do ser (uno) e o amor ao próximo.

Corpo Etérico – Tem a função de absorver prana por meio dos chacras e de enviar essa corrente vital para todas as partes do corpo físico. Dessa forma, restabelece a saúde sem a interferência da consciência.

Ectoplasma – Matéria sutil que se desprende do corpo de um curador. Serve, também, para moldar aquilo que se deseja nos trabalhos de cura. O plexo solar é o centro motor do desenvolvimento de ectoplasma para os demais chacras. Para o corpo humano dá sustentação e segurança prânica, pois o ectoplasma tem a função de expelir um elemento estranho que porventura venha se aderir ao campo áurico.

Energia Bioplasmática – Energia que se desprende do corpo etérico. O plasma, referente ao quarto estado da matéria, é um gás ionizado com partículas positivas e negativas.

Espírito Divino (ou Espírito Santo) – É o sopro divino que move toda a criação. Corresponde à terceira pessoa da Santíssima Trindade e representa o amor entre o Deus Pai e o Filho, personificado por Jesus Cristo.

Espírito Universal (ou Infinito) – Aquele que ministra incessantemente a misericórdia do Filho e o amor do Pai em plena harmonia. Ele penetra todo o espaço, é perfeito e imutável – absoluto como o Pai e o Filho. Transmite uma influência espiritual, mental e material, sempre onipresente. E, no que diz respeito ao ser humano, dentre outras coisas, influencia seu intelecto.

Força Prânica – Irradiação de vitalidade, saúde. Fluxo abundante de prana.

Fogo Solar de Deus – O elemento unificador, doador de vida, **os aspectos de Deus.**

Logos Planetário – Consciência que rege os planetas ou setores do sistema solar. Formado por seres harmoniosamente hierarquizados e que desempenham suas respectivas funções para o processo evolutivo do planeta.

Macrocosmo – Para a filosofia, o grande mundo, o conjunto de todos os corpos que fazem parte do Universo e de sua criação, que corresponde ou está em ressonância com tudo o que acontece no pequeno mundo – microcosmo, relativo ao homem, ao átomo.

Mantra – Som que evoca uma vibração transformadora, que, por sua repetição, provoca estados alterados de consciência. É utilizado como um instrumento do pensamento para atingir determinado fim.

Mudra – Gesto ou posição simbólica frequentemente realizado com as mãos. Tem a finalidade de atrair um grande fluxo de energias, por meio dos *nadis*, para pressionar e refletir sobre áreas do cérebro e iniciar o comando para obtenção do objetivo proposto.

Nadis – Microcanais energéticos que qualificam a transmissão dos impulsos nervosos pelo cérebro, medula espinhal e nervos periféricos. Funcionam, de forma análoga, como uma corrente sanguínea no corpo físico.

Plêiade Divina – Conjunto de seres de luz que auxiliam na evolução dos seres humanos.

Prana – É uma forma sutil de energia eletromagnética que representa a força da vida. É a energia vital que mantém o corpo vivo e saudável.

MADRAS® Editora

Para mais informações sobre a Madras Editora,
sua história no mercado editorial
e seu catálogo de títulos publicados:

Entre e cadastre-se no site:

www.madras.com.br

Para mensagens, parcerias, sugestões e dúvidas, mande-nos um e-mail:

marketing@madras.com.br

SAIBA MAIS

Saiba mais sobre nossos lançamentos,
autores e eventos seguindo-nos no facebook e twitter:

@madrased

/madraseditora